Christian Stark

Entwicklung eines Werkzeugs zur Modellierung von Geschäftsprozessen

Mikropolitische Analyse von Prozessen und Problemen des Qualitätsmanagements

GRIN Verlag

Bibliografische Information der Deutschen Nationalbibliothek:

Die Deutsche Bibliothek verzeichnet diese Publikation in der Deutschen National-
bibliografie; detaillierte bibliografische Daten sind im Internet über http://dnb.d-
nb.de/ abrufbar.

Impressum:

Copyright © 2003 GRIN Verlag GmbH
Druck und Bindung: Books on Demand GmbH, Norderstedt Germany
ISBN: 978-3-656-45734-3

Dieses Buch bei GRIN:

http://www.grin.com/de/e-book/20871/entwicklung-eines-werkzeugs-zur-modellie-
rung-von-geschaeftsprozessen

GRIN - Your knowledge has value

Der GRIN Verlag publiziert seit 1998 wissenschaftliche Arbeiten von Studenten, Hochschullehrern und anderen Akademikern als eBook und gedrucktes Buch. Die Verlagswebsite www.grin.com ist die ideale Plattform zur Veröffentlichung von Hausarbeiten, Abschlussarbeiten, wissenschaftlichen Aufsätzen, Dissertationen und Fachbüchern.

Besuchen Sie uns im Internet:

http://www.grin.com/

http://www.facebook.com/grincom

http://www.twitter.com/grin_com

Thema:

**Entwicklung eines Werkzeugs zur Modellierung von
Geschäftsprozessen und mikropolitische Analyse von Prozessen
und Problemen des Qualitätsmanagements**

**Development of a Tool for Modelling Business Processes and
Micropolitical Analysis of Processes and Problems of
Quality Management**

Diplomarbeit

im Studiengang Soziologie
in der Fakultät Sozial- und Wirtschaftswissenschaften
der Otto-Friedrich-Universität Bamberg

Verfasser: Christian Stark

Inhaltsverzeichnis

1 Einleitung

Betrachtet man Veröffentlichungen in der Produktionstechnik und im Qualitätsmanagement, so kann festgestellt werden, dass Begriffe wie „Prozess", „Geschäftsprozess"
oder „Prozessorientierung" eine immer größere Beachtung finden. Die Qualität der
Prozesse eines Unternehmens wird dabei als ein zentraler Wettbewerbsfaktor angesehen.
„Durch das Prozessdenken soll gerade das Bewusstsein dafür geschärft werden, dass die in
Unternehmen etablierte Arbeitsteilung mit den fixierten Schnittstellen (auch zur Umwelt)
keinen Sachzwang darstellt, sondern geändert werden kann" [Göb01, 228]. Damit
verbundene Strategien und Maßnahmen sind aber nur so gut wie die Mitarbeiter, welche
diese umsetzen. Veränderungen, die die Interessen der beteiligten Personen übersehen oder
übergehen, werden in vielen Fällen deren Ignoranz und Widerstand hervorrufen. Es ist
zunächst Intention dieser Diplomarbeit, einen Ansatz vorzustellen und zu implementieren,
mit dem Geschäftsprozesse methodisch dargestellt werden und damit zur
Qualitätsverbesserung in einem Unternehmen beitragen können. Qualitätsmanagement
wird im Rahmen dieser Arbeit unter der ganzheitlicheren Perspektive des Total Quality
Management (TQM)-Ansatzes betrachtet, der den Mitarbeiter eines Unternehmens in den
Mittelpunkt stellt und eine einseitige Fixierung auf prozessorientiertes Denken als
unzureichend erachtet. Daraus ergibt sich einerseits die Frage, wodurch eine derartige
Akteursperspektive eingenommen werden kann und andererseits, welche zusätzlichen
Erkenntnisse daraus gewonnen werden können. Die Unterschiedlichkeit der beiden daraus
resultierenden Aufgabenstellungen erfordert es zunächst, diese unabhängig voneinander zu
bearbeiten und erst am Ende über das Thema Qualitätsmanagement zielführend
miteinander zu verbinden. In den Kapiteln 2.1-2.4 werden zunächst die Grundlagen des
Semantischen Objektmodells (SOM) beschrieben. Durch diesen Ansatz werden
methodische Grundlagen zur Darstellung und Implementierung von Geschäftsprozessen
erläutert. Aufbauend darauf werden in Kapitel 2.5 die Anforderungen, welche sich aus den
Sichten des SOM-Geschäftsprozessmetamodells ergeben, abgeleitet. Danach wird in
Kapitel 3 das Programm Microsoft Visio vorgestellt, mit Hilfe dessen das Werkzeug zur
Modellierung der Geschäftsprozessebene des SOM-Ansatzes und damit zur Realisierung
der definierten Anforderungen entwickelt werden soll. Nach Vorstellung und Bewertung
der Ergebnisse dieser ersten Themenstellung in Kapitel 4 erfolgt ein Übergang zum

soziologischen Teil dieser Diplomarbeit. In ihm wird der aus der Organisationssoziologie stammende mikropolitische Ansatz verwendet, um Prozesse und Probleme des Qualitätsmanagements zu analysieren. Die damit verbundenen Ziele werden in Kapitel 5 vorgestellt. Wurden bereits im ersten Teil dieser Arbeit mehrere Beispiele aus dem Bereich des Qualitätsmanagements angeführt, so werden dessen zentrale Konzepte in Kapitel 6 erläutert. Ebenso ist es notwendig, dem Leser die begrifflichen und konzeptuellen Grundlagen des mikropolitischen Ansatzes zu vermitteln, was in Kapitel 7 erfolgen soll. Daran anschließend wird in Kapitel 8 die bereits angesprochene, mikropolitische Analyse des Qualitätsmanagements durchgeführt. Am Ende dieser Arbeit wird in Kapitel 9 gezeigt, wie die Ergebnisse beider Themenstellungen zusammengeführt werden können.

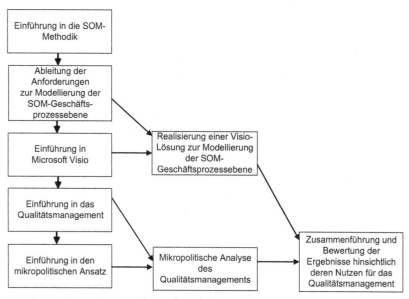

Abbildung 1: Vorgehensweise der Diplomarbeit

2 Das Semantische Objektmodell

Das Semantische Objektmodell (SOM) ist ein von Ferstl und Sinz entwickelter Ansatz zur Modellierung betrieblicher Systeme und zur Spezifikation von Anwendungssystemen (vgl.[FeSi95,1]). Ziel des SOM ist die Schaffung eines umfassenden, integrierten und durchgängigen Modellierungsansatzes zur strategischen Gesamtplanung eines betrieblichen Informationssystems und zur Entwicklung betrieblicher Anwendungssysteme. In ihm wird „eine durchgängige Kopplung zwischen betrieblichen Prozessen und DV-technischen Prozessen unterstützt" [FeSi94a,1].

2.1 Die Architektur des SOM-Ansatzes

Das Objektsystem der Unternehmung wird im SOM-Ansatz durch ein umfassendes Modellsystem beschrieben. Zur Komplexitätsreduzierung „wird das Modellsystem in Teilmodellsysteme unterteilt, die jeweils einer Modellebene zugeordnet werden" FeSi98,177]. Jedes Teilmodell beschreibt das Objektsystem vollständig aus einer gewissen Sichtweise. Die Menge der Teilsysteme sowie ihre Beziehungen beschreiben zusammen die Unternehmensarchitektur (vgl.[FeSi98,177]). Der SOM-Ansatz unterscheidet in der Unternehmensarchitektur die drei Modellebenen Unternehmensplan, Geschäftsprozess-modellebene und Anwendungssystemspezifikation. „Ein derartiges Gesamtmodell ist ein zentrales Hilfsmittel für eine permanente, evolutionäre Anpassung und damit für den Erhalt der Lebensfähigkeit der Unternehmung" [FeSi94,9]. Im Folgenden sollen die einzelnen Modellebenen vorgestellt werden.

2.1.1 Der Unternehmensplan

Der Unternehmensplan bildet ein Modell der Außensicht des betrieblichen Systems (vgl.[FeSi98,177]). Dessen Beschreibung erfolgt informal in den Sichten Objektsystem und Zielsystem. Die strukturorientierte Sicht auf den Unternehmensplan wird als Objektsystem, die verhaltensorientierte Sicht als Zielsystem bezeichnet. Diese Sichten „beschreiben den Unternehmensplan in Form einer Spezifikation der Unternehmensaufgabe" [Sinz97,11].

Die strukturorientierte Sicht enthält die Abgrenzung der Diskurswelt von seiner Umwelt, mit der sie in Form von Leistungsbeziehungen in Kontakt steht (vgl.[FeSi98,180]). Die Diskurswelt ist deshalb als offenes System und zielgerichtetes System zu verstehen (vgl.[FeSi94,6]). Im Zielsystem werden die Sach- und Formalziele sowie Erfolgsfaktoren, Strategien und Rahmenbedingungen des betrieblichen Systems definiert.

2.1.2 Die Geschäftsprozessebene

„Das Geschäftsprozessmodell ist das Teilmodellsystem der Innensicht des betrieblichen Systems. Es spezifiziert die Lösungsverfahren für die Realisierung des Unternehmensplans" [FeSi98,178]. Dieses Modell erläutert „ein System von Haupt- und Serviceprozessen, die durch Leistungsbeziehungen miteinander verbunden sind. Hauptprozesse geben ihre Leistung an die Umwelt ab und tragen unmittelbar zur Sachzielerfüllung des betrieblichen Systems bei. Serviceprozesse stellen Leistungen für Hauptprozesse oder andere Serviceprozesse zur Verfügung" [FeSi98,178]. Die SOM-Methodik sieht eine mehrstufige Verfeinerung von Geschäftsprozessmodellen vor. „Dabei werden die Leistungsbeziehungen sukzessive verfeinert und gleichzeitig die Lenkung der Geschäftsprozesse festgelegt" [FeSi98,178]. Ein Geschäftsprozess kann aus drei Sichten betrachtet werden (vgl.[FeSi98,182]): In der Leistungssicht wird gezeigt, welche betrieblichen Leistungen von Geschäftsprozessen erstellt oder untereinander beauftragt werden. Unter Leistungen werden dabei Güter, Zahlungen oder Dienstleistungen verstanden. Eine Lenkungssicht gibt an, wie die an der Leistungserstellung beteiligten betrieblichen Objekte koordiniert werden. Betriebliche Objekte fassen eine Menge von Aufgaben zusammen. „Dabei wird das allgemeine Konzept der Objektorientierung auf die Bildung betrieblicher Aufgabenstrukturen angewandt" [FeSi98,184]. Objekte verarbeiten Leistungs- und Lenkungspakete, die über Kommunikationskanäle als betriebliche Transaktionen ausgetauscht werden. Transaktionen sind als die verbindenden Elemente in einem System zusammenhängender Geschäftsprozesse anzusehen. In der strukturorientierten Sicht in Form des Interaktionsschemas (IAS) werden Objekte und Transaktionen stufenweise zerlegt. Ein Objekt kann nach dem hierarchischen Regelungsprinzip in ein Regler- und ein Regelstreckenobjekt zerlegt werden, die über Steuerungs (S)- und Kontrolltransaktionen (K) miteinander verbunden werden (vgl.[FeSi98,186]). Die Orientierung am Regelkreisprinzip wird in Abbildung 2 am Beispiel des Qualitätsmanagements verdeutlicht:

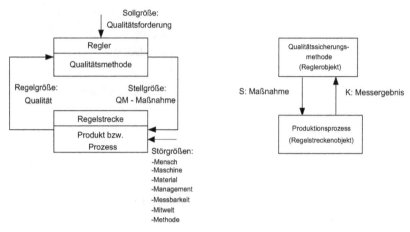

Abbildung 2: Gegenüberstellung Regelkreis in Anlehnung an [Pfei01,146] und Regelungsprinzip im SOM

In der Ablaufsicht der Geschäftsprozessebene des SOM-Ansatz wird ein Modellelement vorgestellt werden, mit dem die Störgrößen eines Regelkreises modelliert werden können. Zur Koordination zweier gleichrangiger betrieblicher Objekte wird im SOM-Ansatz die sogenannte „flache Koordination" verwendet. Diese Koordination erfolgt nach dem Verhandlungsprinzip und wird durch die Transaktionsphasen Anbahnung (A), Vereinbarung (V) und Durchführung (D) beschrieben. Die Ablaufsicht zeigt die ereignisgesteuerte Aufgabendurchführung innerhalb der Objekte und wird als Vorgangs-Ereignis-Schema (VES) bezeichnet. Die Durchführung der Lösungsverfahren einer Aufgabe findet in Form von Vorgängen statt. „Entsprechend der gebildeten Detaillierungsschritte im Interaktionsmodell werden die Vorgänge der Aufgabendurchführung in Vorgangs-Ereignis-Schemata im Aufgabensystem zusammengefasst" [KeTe97,130]. Unter „Verwendung eines Petri-Netz-Formalismus" [FeHa95,4] wird ein Vorgang in einem Diskursweltobjekt durch ein Vorereignis angestoßen, gegebenenfalls über mehrere objektinterne Ereignisse abgebildet und ein Nachzustand erzeugt, der wiederum der Input eines nachfolgenden Vorgangs sein kann.

2.1.3 Die Anwendungssystemebene

Auf der dritten Modellebene wird die fachliche Spezifikation von Anwendungssystemen entwickelt. Diese sind „maschinelle Aufgabenträger, die Lösungsverfahren für automatisierte (Teil-)Aufgaben von Geschäftsprozessen bereitstellen" [FeSi98,180]. Eine Anwendungssystemspezifikation besteht aus einem konzeptionellem Objektschema (KOS) und dem darauf aufbauenden Vorgangsobjektschema (VOS). Die Darstellung der konzeptuellen Objekte beruht auf einer objektorientierten Erweiterung des Strukturierten Entity-Relationship-Modells (SERM) (vgl.[FeSi91,20]) und umfasst konzeptuelle Objekttypen des Anwendungssystems und ihre Informationsbeziehungen. In der verhaltensorientierten Sicht legen Vorgangsobjekttypen das Zusammenwirken konzeptueller Objekttypen bei der Aufgabendurchführung fest (vgl.[FeSi98,180]). Die nichtautomatisierten Teile von Geschäftsprozessen und dazugehörige personelle Aufgabenträger gehören zur betrieblichen Organisation und werden im SOM-Ansatz nicht weiter berücksichtigt (vgl.[FeSi94a,2]).

2.2 Das Vorgehensmodell des SOM-Ansatzes

Die Vorgehensweise erfolgt im SOM-Ansatz unter dem Namen V-Modell (vgl.[FeSi98,179]). Dieses Methodik stellt die verschiedenen Modellebenen in einem linken und einem rechten Schenkel dar, welche die struktur- bzw. verhaltensorientierten Sichten repräsentieren.

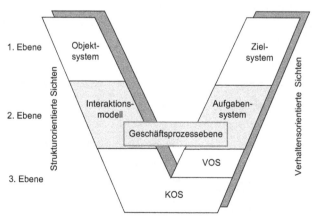

Abbildung 3: Das Vorgehensmodell des SOM in Anlehnung an [FeSi92,2]

Die drei in Abbildung 3 dargestellten Ebenen korrespondieren dabei mit den Modellebenen der Unternehmensarchitektur. Der Abstand zwischen den beiden Schenkeln bedeutet, dass die Freiheitsgrade in der Modellierung beider Sichtweisen mit zunehmender Konkretisierung des Anwendungssystems von oben nach unten abnehmen. Die drei Ebenen werden idealtypisch von oben nach unten durchlaufen, wobei jeweils mit der strukturorientierten Sicht begonnen wird. „Die Modellierungsergebnisse sind innerhalb der korrespondierenden Sichten einer Ebene sowie zwischen den Sichten benachbarter Ebenen abzustimmen" [FeSi98,179]. Abhängig von der Zielsetzung des Modellierers kann jedoch vom dargestellten Vorgehensmodell in der Praxis auch abgewichen werden (vgl.[FeSi98,180]).

2.3 Das Aufgabenkonzept im SOM-Ansatz

Die für die Organisationsgestaltung lange Zeit prägende Aufgabenanalyse (vgl.[Kah01,31]) steht beim SOM-Ansatz nicht im Vordergrund. Die Vorgehensweise mit einer Betonung der Prozessanalyse vor der Aufgabenanalyse gibt der Gestaltung der Ablauforganisation Vorrang gegenüber der Aufbauorganisation. Stellen, Abteilungen und Bereiche eines Unternehmens werden „bottom-up" auf der Grundlage der prozessualen Anforderungen gebildet (vgl.[Kah01,32]). Die Detaillierung der Geschäftprozesse führt dabei stets auch zu einer Aufgabenzerlegung.

2.3.1 Die Innen- und Außensicht einer Aufgabe

Um mögliche Freiheitsgrade in den Phasen Spezifikation und Durchführung einer Aufgabe zu erhalten, differenzieren [FeSi98,87] zwischen der Innen- und Außensicht einer Aufgabe. Die Innensicht enthält Informationen über das Lösungsverfahren für die Aufgabendurch-führung und nimmt Bezug auf einen Aufgabenträgertyp. Deren Betrachtung ist nicht Teil der Geschäftsprozessmodellierung, welche aufgabenträgerunabhängig zu gestalten ist. Die Außensicht definiert das Aufgabenobjekt, die Ziele der Aufgabe sowie die auslösenden Vorereignisse und die resultierenden Nachereignisse. Hierbei werden keine Aussagen über den Aufgabenträger und das Lösungsverfahren getroffen (vgl.[FeSi98,88]).

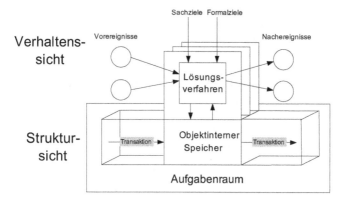

Abbildung 4: Die Struktur einer Aufgabe in Anlehnung an [FeSi93,13]

2.3.2 Abgrenzungskriterien für Aufgaben

2.3.2.1 Abgrenzung hinsichtlich ihres Lösungsverfahrens

Hierbei kann eine Aufgabe in drei Arten unterschieden werden (vgl.[FeSi98,31f]):

1. Transformationsaufgaben ohne Speicher

Dabei hängt der Output der Aufgabe ausschließlich von dessen Input ab. Im Bereich der Qualitätssicherung wären statistische Berechnungen von Stichproben oder die Aufzeichnung von Messergebnissen zu nennen.

2. Transformationsaufgaben mit Speicher

Der Output hängt nun vom Input und darüber hinaus von Informationen ab, die im Rahmen früherer Aufgabendurchführungen gesammelt wurden. Diese gespeicherten Informationen können im Rahmen der Aufgabendurchführung verändert werden. Ein Beispiel wäre die langjährige Bewertung eines Lieferanten, bei der sich die Lieferantenkennzahl aus dem Ergebnis einer aktuellen und dem Wert vorheriger Prüfungen zusammensetzt.

3. Entscheidungsaufgaben

Diese besitzen die selbe Struktur wie die genannten Aufgabentypen. Zusätzlich bekommt sie als Input Führungs- und Zielwerte. Eine Qualitätprüfung wird dann zu einer Entscheidungsaufgabe, wenn der Aufgabenträger neben formalen Regeln einen Ermessensspielraum, zum Beispiel bei der Gewichtung der Prüfkriterien, besitzt.

2.3.2.2 Abgrenzung hinsichtlich ihres Automatisierungsgrades

Nach [FeSi98,S.47f] kann der Automatisierungsgrad einer Aufgabe drei mögliche Ausprägungen haben:

- Eine Aufgabe ist **vollautomatisiert**, wenn sie vollständig von maschinellen Aufgabenträgern durchgeführt wird.

- -Sie ist **teilautomatisiert**, wenn sie gemeinsam von personellen und maschinellen Aufgabenträgern durchgeführt wird und sie gilt als –

- nicht **automatisiert**, wenn sie ausschließlich von personellen Aufgabenträgern durchgeführt werden kann.

Der Automatisierungsgrad einer Aufgabe hängt von ihrem Zerlegungsgrad ab. So kann eine teilautomatisierte Aufgabe in mindestens eine vollautomatisierte und mindestens eine nichtautomatisierte Aufgabe zerlegt werden. Weiterhin kann der Blickwinkel vom Ist- auf den Sollzustand einer Aufgabe gelenkt werden. In diesem Fall wird deren Automatisierbarkeit bezüglich der genannten Kriterien untersucht. Die Analyse des Automatisierungsgrades bei Aufgaben und Transaktionen stellt einen wichtigen Übergang von der Geschäftsprozessmodellierung zur Anwendungssystemspezifikation dar.

2.4 Erfordernisse zur Modellierung der SOM-Geschäftsprozessmodellebene

Nach einer theoretischen Einführung in den SOM-Ansatz, sollen nun im Folgenden die Anforderungen definiert werden, welche bei einer Umsetzung der Geschäftsprozessmodellebene des SOM-Ansatzes in eine Visio-Lösung notwendig sind.

2.4.1 Anforderungen aus den Sichten des Metamodells

Zunächst werden die Anforderungen analysiert, welche sich direkt aus den Sichten des Metamodells der Geschäftsprozessebene ableiten lassen. Aus der Sicht des Modellierers gibt ein Metamodell einen Beschreibungsrahmen für das Modellsystem. Zusammen mit den Produktionsregeln, die in Kapitel 2.5.2 vorgestellt werden, spezifizieren sie „die Syntax und die formale Semantik von Geschäftsprozessmodellen" [FeSi94,17]. Die Spezifikation umfasst also die Arten und Bedeutungen von Modellbausteinen sowie Beziehungen zwischen diesen und die Regeln für deren Verwendung. Anhand des

Metamodells können zentrale Anforderungen an Modelle wie Konsistenz und Vollständigkeit sowie Struktur- und Verhaltenstreue überprüft werden (vgl.[FeSi98,120f]). Ein Metamodell muss die Bewältigung der Komplexität des Modellierers unterstützen. „Aufgrund ihrer typmäßigen Komplexität ist es im allgemeinen jedoch nicht möglich, Modellsysteme in einer einzigen, geschlossenen Darstellung gegenüber dem Betrachter zu präsentieren" [Sinz95,5]. Daher wird das Metamodell der Geschäftsprozessmodellebene des SOM in zwei Sichten dargestellt. Eine Sicht umfasst eine Teilmenge der Metaobjekte des Metamodells (vgl.[Sinz95,5f]). Im Folgenden sollen die einzelnen Sichten vorgestellt und Anforderungen daraus abgeleitet werden:

2.4.1.1 Metamodell Geschäftsprozessebene: Interaktionssicht
Dieses Teilmetamodell stellt die strukturorientierte Sicht auf das Metamodell dar und umfasst die Leistungs- und Lenkungssicht der Geschäftsprozessebene.

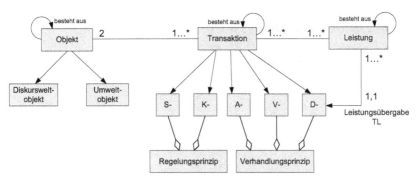

Abbildung 5: Teilmetamodell Interaktionssicht in Anlehnung an ([Schm99,20] und [Krbi97,102])

Es werden folgende Modellelemente benötigt:

Objekte: Diese treten in Form von Diskurs- und Umweltobjekten auf und können wiederum Diskurs- und Umweltobjekte enthalten. Die beiden Objektarten verhalten sich zueinander disjunkt.

Transaktionen: Eine Transaktion muss dabei genau zwei Objekte verbinden. Diese können in A-V-D- sowie in S- und K-Transaktionen unterschieden werden. Weiterhin dürfen nicht hierarchische Zerlegungen (Verhandlungsprinzip) keine S-K-Transaktionen enthalten, in Zerlegungen von S-K-Transaktionen (Regelungsprinzip) dürfen keine A-V- oder D-Transaktionen vorkommen.

Leistungstransaktionen: Leistungen bilden Sachgüter oder Dienstleistungen ab, die Ergebnis der Leistungserstellung durch ein betriebliches (Teil-) Leistungssystem sind und einen Wert für einen Kunden haben. „Der Leistungsbegriff wird ergebnisbezogen verstanden, d.h. mit Leistung wird nicht die Durchführung von betrieblichen Aufgaben, sondern das Ergebnis der Leistungserstellung bezeichnet" [Krbi97,104]. Zur Übergabe einer Leistung wird eine spezielle Art von D-Transaktion verwendet, die sogenannte Leistungstransaktion. „Da jedoch eine Leistungstransaktion in vielen Fällen genau eine Leistung transportiert, geht in diesen Fällen die Bezeichnung der Leistung aus der Bezeichnung der Leistungstransaktion hervor" [Krbi97,101f]. Es wird daraus die Anforderung abgeleitet, dass eine Leistung mit einer Leistungstransaktion korrespondieren soll, allerdings eine Möglichkeit bestehen sollte, Ausnahmefälle zu kennzeichnen.

2.4.1.2 Metamodell Geschäftsprozessebene: Ablaufsicht

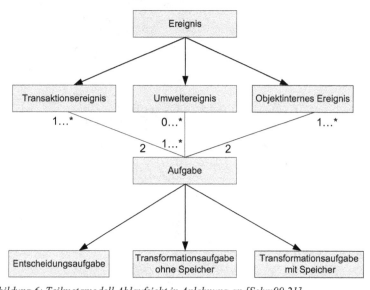

Abbildung 6: Teilmetamodell Ablaufsicht in Anlehnung an [Schm99,21]

Es werden folgende Modellelemente benötigt:

Aufgaben: Diese werden in Form von Vorgängen durchgeführt. Die theoretischen Grundlagen zum Beschreiben dieses Metaobjektes wurden in Kapitel 2.3.3 behandelt.

Transaktionsereignisse: Während Transaktionen in der Struktursicht genau zwei Objekte verbinden, stellen diese in der Ablaufsicht Ereignisse dar, welche genau zwei Aufgaben verbinden.

Objektinterne Ereignisse: Diese verbinden genau zwei Aufgaben und verdeutlichen deren Reihenfolgebeziehung.

Umweltereignisse: Diese stellen Ereignisse dar, welche nicht durch Transaktions- oder objektinterne Ereignisse modelliert werden können. Nach [FeSi94,21] stellen Umweltereignisse z.B. das Eintreffen von Zeitpunkten oder den Ablauf von Zeitintervallen dar.

2.4.2 Anforderungen aus den Produktionsregeln

Die Differenzierung der Modellelemente des IAS erfolgt ausschließlich durch die Anwendung der Produktionsregeln (Abbildung 7).

Ersetzungsregeln zur Objektzerlegung:		Regel Nr.
O	::= { O', O'', T_s(O', O''), [T_k(O'', O')] }	(1)
O	::= { O', O'', [T (O', O'')] }	(2)
O	::= { spez O' }$^+$	(3)
O'|O''	::= O	(4)
Ersetzungsregeln zur Transaktionzerlegung:		
T(O,O')	::= [[T_a (O, O') seq] T_v (O', O) seq] T_d(O, O')	(5)
T_x	::= T'$_x$ { seq T''$_x$ }$^+$ | T'$_x$ { par T''$_x$ }$^+$	(6)
	(für x = a,v,d,s,k)	
T_x	::= { spez T'$_x$ }$^+$	(7)
	(für x = a,v,d,s,k)	
T_a|T_v|T_d	::= T	(8)
T_s|T_k	::= T	(9)
Legende zur verwendeten Notation (Backus-Naur-Form BNF):		
::= Ersetzung	{ } Menge	seq sequentielle Beziehung
[ ] Option	{ }$^+$ Wiederholung (1,*)	par parallele Beziehung
| Alternative	{ }* Wiederholung (0,*)	spez Spezialisierung

Abbildung 7: Die Produktionsregeln nach [FeSi98,187]

Es kann als zentrale Anforderung bezeichnet werden, die dargestellten Regeln in der später beschriebenen Visio-Lösung umzusetzen. Sie können als Menge von gültigen Modellierungsschritten gekennzeichnet werden. Regel 1 erläutert die Zerlegung nach dem Regelungsprinzip: Es muss demnach die Möglichkeit vorliegen, ein Diskursweltobjekt in zwei Diskursweltobjekte zu zerlegen, welche durch eine S- und optional durch eine K-Transaktion miteinander verbunden sind. „Liegen beide dieser Transaktionsarten vor, handelt es sich um ein geregeltes, ohne Kontrolltransaktion um ein gesteuertes System" [FeSi98,186]. Regel 2 besagt, dass ein Objekt in zwei Objekte zerlegt werden kann, welche optional durch eine Transaktion verbunden sind. Die Zerlegung nach dem Verhandlungsprinzip wird in Regel 5 beschrieben: Es muss die Möglichkeit bestehen, eine beliebige, zwei Diskursweltobjekte verbindende Transaktion, in eine D- und optional in eine V- oder A-Transaktion zu zerlegen, wobei eine V- sequentiell zu einer D-Transaktion und eine A- sequentiell zu einer V-Transaktion abzubilden ist. Nach Regel 6 darf eine beliebige Transaktion typerhaltend sowohl sequentiell als auch parallel zerlegt werden. Nach Regel 3 und 7 darf eine beliebiges Objekt bzw. eine beliebige Transaktion typerhaltend spezialisiert werden. Die Regeln 4, 8 und 9 erläutern die mehrstufige Anwendung der Zerlegungsregeln (vgl.[FeSi98,187f]).

2.4.3 Die Ableitung der Ablauf- aus der Interaktionssicht

Nach [Sinz97,4] besteht die Aufgabe eines Beziehungsmetamodells darin, zwei Meta-modelle zu verknüpfen, indem es Bausteine dieser Metamodelle zueinander in Beziehung setzt. Die Ableitung der Ablauf- aus der Interaktionssicht soll über ein Beziehungsmeta-modell dargestellt werden, welche deren Teilmetamodelle miteinander verbindet. In diesem Beziehungsmetamodell werden folgende Abbildungsregeln definiert:

- Die Anzahl der Diskurs und Umweltobjekte muss der Anzahl der Vorgangsreihen des VES entsprechen. Unter einer Vorgangsreihe wird in dieser Diplomarbeit eine sich in einer horizontalen Reihe befindende Menge von Vorgängen bzw. Aufgaben verstanden, die sich auf genau ein Aufgabenobjekt beziehen.

- Der Aufgabenobjektname einer Vorgangsreihe muss den eindeutigen Namen eines Objektes des Interaktionsschemas besitzen.

-   Die Anzahl der Transaktionen der letzten Zerlegungsstufe des Interaktionsschemas muss identisch mit der Anzahl der Transaktionsereignisse des VES sein, wobei eine Transaktion auf genau ein Transaktionsereignis abgebildet wird.

2.4.4 Erweiterte semantische Anforderungen

Die folgenden aufgestellten Anforderungen können nicht aus dem Metamodell abgeleitet werden, sondern sind Ergebnisse inhaltlicher Überlegungen, die den Modellierer bei einer zielgerichteten Vorgehensweise unterstützen sollen. Bereits an dieser Stelle sollte als semantische Bedingung für alle Modelle der Struktursicht vorgegeben werden, stets eindeutige Benennungen für Objekte und Transaktionen zu vergeben, um diese voneinander unterscheiden zu können. Im Prozess der Modellierung können Diskursweltobjekte nach Durchführung einer hierarchischen Transaktionszerlegung zusätzlich in steuernde und gesteuerte Objekte zerlegt werden. Eine weitere Regel gibt vor, dass diese gesteuerten Objekte nicht oder nur in Ausnahmefällen verhandeln dürfen. Weiterhin erscheint es sinnvoll, das Verbinden von Umweltobjekten mit S-K-Transaktionen zu vermeiden, da Umweltobjekte mit Diskursweltobjekten nur durch gegebenenfalls koordinierte Leistungstransaktionen verbunden sind. Es sollte dem Modellierer ebenfalls nicht ermöglicht bzw. erschwert werden, Transaktionen zwischen Umweltobjekten anzubringen. In beiden Fällen würden diese einer gesonderten Betrachtungsweise unterworfen und sollten dann jeweils als Diskursweltobjekt dargestellt werden.

2.4.5 Die Definition von IAS-Zerlegungsstufen

„In der SOM-Methodik beginnt die Erstellung eines Geschäftsprozessmodells mit der Abgrenzung von Diskurswelt und Umwelt sowie der Erfassung der Leistungsbeziehungen zwischen Diskurswelt und Umwelt" [FeSi98,190]. Als Anforderung wird daraus abgeleitet, dass dem Modellierer ein Startpunkt zur Verfügung gestellt werden soll, bei dem er nur Leistungstransaktionen und Objekte modellieren darf. Der danach folgende Zerlegungsprozess von Objekten und Transaktionen soll in mehreren IAS-Zerlegungsstufen erfolgen. Eine IAS-Zerlegungsstufe ist dabei als ein für sich abgeschlossener Dokumentationsschritt des Modellierungsprozesses zu verstehen. Der Modellierer soll dabei frei entscheiden können, wann er eine neue IAS-Zerlegungsstufe eröffnet. Dabei ist es eine grundsätzliche Anforderung, die Konsistenz zwischen erstellten IAS-Zerlegungsstufen zu wahren. Es soll für den Modellierer weiterhin möglich sein, sich auf eine einzelne Zerlegungsstufe zu konzentrieren, die Beziehung zwischen Zerlegungsstufen zu visualisieren und den Gesamtmodellierungsprozess nachvollziehen zu können.

2.5 Bewertung des SOM-Ansatzes

Die Stärke dieses Ansatzes besteht in seinem aufeinander abgestimmten Begriffssystem und seiner methodischen Durchgängigkeit, wodurch v.a. die Nachvollziehbarkeit der erzielten Modellierungsergebnisse unterstützt wird. Kritisch anzumerken ist jedoch, ob diese Stärken in der Praxis auch tatsächlich zum Nutzen eines Unternehmens eingesetzt werden können. Modelle mit einer relativ einfachen Problemstellung führen schnell, v.a. in der Verhaltenssicht, zu einer hohen Komplexität und damit Unübersichtlichkeit (vgl.[FeSi98,193]). Personen, welche darüber zu entscheiden haben, ob eine derartige Modellierungsmethodik eingeführt wird, werden berücksichtigen, dass das Expertenwissen zur Lösung einer betrieblichen Problemstellung meist implizit bei den Mitarbeitern eines Unternehmens liegt. Diese werden einen Ansatz, bestehend aus komplexen Modellkonstrukten und dem damit verbunden Lernaufwand, zunächst nur im geringen Umfang akzeptieren und demnach ihr fachliches Wissen nicht ausreichend in den Problemlösungsprozess einbringen. Die Einbeziehung aller Mitarbeiter ist allerdings für die Kopplung der betriebswirtschaftlichen bzw. DV-technischen Problemstellung und des erstellten Fachkonzepts äußerst wichtig.

Nach der erfolgten Herleitung der theoretischen Anforderungen an die zu erstellende Visio-Lösung, soll nun das Programm erläutert werden, mit welchem diese Anforderungen umgesetzt werden.

3 Microsoft Visio

Die Hersteller von Visio verfolgten seit der ersten Version im Jahre 1992 das Ziel, mit Hilfe dieses Programms die Erstellung standardisierter Geschäftsgrafiken zu unterstützen (vgl.[Lel02,14]). Diese Geschäftsdiagramme können dabei aus sehr verschiedenen Bereichen kommen: Zu nennen sind z.b. Organisationsdiagramme, Ablaufdiagramme, Raumpläne, technische Zeichnungen sowie Diagramme zur Daten-, Software- und der Netzwerkmodellierung (vgl.[Vis-Hb00,15ff]).

3.1 Gründe für den Einsatz von Microsoft Visio

Visio ist nicht fest in das Microsoft Office Packet integriert, wird jedoch sehr häufig neben dem Programm Microsoft Outlook von Unternehmen zusätzlich zu diesem Paket erworben und ist daher in Unternehmen weit verbreitet. Nicht nur aufgrund der gemeinsamen Programmiersprache Visual Basic for Applications (VBA) wird eine sehr gute Interoperabilität mit anderen Microsoft Produkten geboten. Die immer stärkere Integration von Visio in die Microsoft .Net Umgebung dürfte das Zusammenwirken mit den neuen .Net Programmiersprachen wie C# oder VB .NET in Zukunft noch fördern (vgl.[MSFT-Vis03]). Visio bietet im Bereich Daten- und Softwaremodellierung im Vergleich zu Produkten wie Rational, Together Control Center oder dem Innovator, eine ähnliche Funktionalität an, jedoch gilt die Qualität der Unterstützung bislang als nicht ausreichend, um diesen Produkten bei größeren Software-Projekten Konkurrenz bieten zu können (vgl.[McN02]). Die im Rahmen dieser Diplomarbeit verwendete Professional Edition von Visio 2002 ist dafür mit ca. 600 Euro erheblich billiger, als diese Produkte (vgl.[MID]) und Peter Coad, Gründer von TogetherSoft, ist der Meinung, „dass es nur eine Frage der Zeit ist, bis Rational von Microsoft Visio ersetzt wird" [Coad02,22]. Während ungeübte Anwender sehr schnell in der Lage sind, Geschäftsdiagramme zu erstellen, bietet es professionellen Entwicklern die Möglichkeit, über das Visio ShapeSheet und mit Hilfe der angesprochenen Programmiersprachen, komplexe Lösungen zu entwerfen. „Von den ersten Projektideen in Form von Mind Maps, der Projektplanung mittels Gantt-Charts, über die strukturierte Darstellung in UML-Diagrammen bis hin zur [automatisierten Erstellung von Datenbanktabellen] gibt es viele Arbeiten, die durch Visio-Grafiken unterstützt werden können" [Muel01]. Das Programm kann deshalb innerhalb eines Unternehmens von einem wesentlich breiteren Anwenderkreis genutzt und die Modellierungsergebnisse können besser als bei anderen Modellierungsprogrammen kommuniziert werden. Gerade die im Bezug zum SOM-Ansatz aufgeworfene Kritik der relativ schlechten Kommunizierbarkeit, könnte durch den Einsatz einer Visio-Lösung ausgeglichen werden.

3.2 Die wichtigsten Elemente von Microsoft Visio

3.2.1 Visio Shapes

Alle grafischen Objekte um Zeichnungen und Diagramme zu erstellen, werden in Visio als Shapes, im Deutschen Schablonen, bezeichnet (vgl.[Lel02,20]). Weitere Arten von Shapes sind Seitenshapes, wobei die aktuelle Seite immer den Namen „Sheet!0" besitzt, importierte Graphiken z.b. aus dem Computer Aided Design (CAD)-Bereich, um die, in einer Form von Kapselung, eine Shape-Hülle generiert wird sowie Hilfslinien und Hilfspunkte, die dem Nutzer beim Erstellen von Diagrammen unterstützen (vgl.[Lel02,21f]).

3.2.1.1 Techniken zur Erstellung komplexer Shapes
Visio bietet zu deren Erstellung zwei grundlegende Techniken an:

- Gruppierung: Hierdurch wird eine beliebige Sammlung von Shapes zu einer Gruppe vereint. Die Gruppe stellt selbst wiederum ein Shape dar.

- Die Anwendung von Mengenoperationen: Aus einer beliebigen Menge von Shapes werden durch Anwendung von mathematischen Mengenoperationen völlig neue Shapes erzeugt. Im Gegensatz zur Gruppierung sind hierbei die alten Shapes (außer durch das Rückgängig machen einer Aktion) nicht mehr vorhanden (vgl.[Lel02,23ff]).

3.2.1.2 1-D und 2-D Shapes
Visio unterscheidet zwei grundlegende Kategorien von Shapes: 1-D und 2-D Shapes. (vgl.[MSFT-Press01,34]). Die Begriffe eindimensional (1-D) und zweidimensional (2-D) beziehen sich nicht auf die räumliche Ausdehnung, sondern auf das jeweilige Verhalten eines Shapes. Ein 1-D Shape kann eine ganz normale 2-D Geometrie besitzen. Bei der Umwandlung eines 2-D Shapes in ein 1-D Shape werden dem Shape ein Anfangs- und ein Endpunkt hinzugefügt, nicht optisch, sondern in seinem weiter unten noch genauer erläuterten ShapeSheet. Zusätzlich werden diesem ShapeSheet mehrere Formeln

hinzugefügt, um dem Shape ein linienhaftes Verhalten zu ermöglichen. Für die später vorgestellte Visio-Lösung ist es wichtig, dass diese Endpunkte stets auch Connection Points (Verbindungspunkte) darstellen. Mit Hilfe dieser Connection Points können 1-D- an 2-D Shapes oder an Shapes mit benutzerdefinierten Connection Points „andocken".

3.2.2 Das Visio ShapeSheet und seine Struktur

Die Basis von Shapes kann als eine Menge von Parametern bezeichnet werden, die dessen Aussehen und Verhalten bestimmen. Diese Daten werden im ShapeSheet zusammengefasst und für die Darstellung eines Shapes auf dem Bildschirm ausgewertet. „Shape und ShapeSheet [sind] unterschiedliche Ansichten der gleichen Datenmenge" [Lel02,52]. Das ShapeSheet, welches eine tabellenartige Struktur besitzt, ist nach Funktionalitäten in einzelne Abschnitte aufgeteilt (vgl.[Lel02,53]). „In jedem Abschnitt des ShapeSheets sind andere, auf das jeweilige Shape bezogene Funktionalitäten abgelegt bzw. zusammengefasst, wobei die kleinste Informationseinheit die Zelle ist" [Lel02,53]. Änderungen an den Shapes werden stets über Manipulationen des Inhalts von Zellen realisiert. Die Darstellung einer Zelle erfolgt im ShapeSheet durch die Sichten Wert und Formel. Formeln werden v.a. dazu verwendet, das Verhalten der Shapes durch Variablen oder Referenzen zu steuern. Visio wertet die Formel aus und wandelt sie zu einem Wert um, bei dem der Datentyp sowie die in dieser Zelle definierten Einheiten berücksichtigt werden. Das Eingeben von Konstanten wird hingegen dadurch realisiert, dass ein Wert, meist vom Typ Integer oder String, direkt in eine Zelle geschrieben wird. Je nach Element kann das ShapeSheet in seiner Struktur variieren und unterschiedliche Abschnitte enthalten. Ferner erscheinen bestimmte Abschnitte im ShapeSheet erst dann, wenn man eine bestimmte Funktionalität implementiert oder den Abschnitt über ein Menü manuell eingefügt hat. Jedes Dokument, jede Seite, jeder Stil, jedes gruppierte Shape, jedes Objekt eines anderen Programms oder jeder Master besitzt sein eigenes ShapeSheet, in dem alle Daten über das Objekt gespeichert werden (vgl.[Grab00,79] und [MSFT-ShapeSheet]). Für das Erlernen und Anwenden des ShapeSheet hat es sich als hilfreich und notwendig herausgestellt, die Microsoft Developer Collection zu verwenden, da hier eine umfassende ShapeSheet Referenz [MSFT-ShapeSheet] zu finden ist, welche in der sonstigen Literatur zu Microsoft Visio nicht bzw. nicht im benötigten Detaillierungsgrad vorhanden war.

3.2.2.1 Wichtige Abschnitte im ShapeSheet

Im Rahmen dieser Diplomarbeit wurde größtenteils mit der englischen Version von Microsoft Visio 2002 gearbeitet. Deshalb und weil diese geläufiger sind, soll für die im weiteren vorgestellten Begriffe, jeweils ihre englische Bezeichnung verwendet werden.

Scratch Section: Dieser Abschnitt, im Deutschen als „Entwurf" bezeichnet, wird typischerweise dazu benutzt, komplexe und häufig vorkommende bzw. referenzierte Berechnungen zu isolieren. Zellen in diesem Abschnitt verarbeiten Einheiten auf zweierlei Weise: Während in den Zellen „Scratch.X" und „Scratch.Y" die eingestellte Einheit des Zeichenblattes benutzt wird, sind die Zellen „Scratch.A" bis „Scratch.D" ohne „Typisierung". Man kann eine beliebige Einheit definieren, die dann auch zurückgegeben wird.

User-Defined Section: Ähnlich zum vorherigen Abschnitt können benutzerdefinierte Zellen Werte und Formeln speichern. Der Hauptunterschied zur Scratch Section besteht darin, eigene Zellnamen definieren zu können, wie z.B. „User.Const" oder „User.TYPE".

Custom Properties Section: Dieser Abschnitt dient ebenfalls zur Datenspeicherung. Zusätzlich zu User-Defined Cells können hierin in den Zellen „Type" und „Format" unterschiedliche Datentypen und Formatierungsmöglichkeiten ausgewählt werden. Über den Visio Menüpunkt „View-Custom Properties Window" kann ein Fenster angezeigt werden, in dem die definierten Custom Properties unmittelbar nach Anklicken eines Shapes dem Anwender angezeigt werden (vgl.[Grab00,160f]).

Geometry Section: Dieser Abschnitt besteht aus Reihen, deren Zellen die Koordinaten für die Kanten der Linien und Bögen, aus denen das Shape-Objekt besteht, enthalten. Soll sich die Geometrie eines Shapes aus mehreren Teilelementen zusammensetzen, so können mehrere Geometry Sections eingefügt werden. Dies geschieht dann automatisch, wenn zwei Shapes über das Menü „Shape-Operations-Combine" miteinander verbunden werden, und deren geometrische Beschreibungen nun innerhalb eines ShapeSheets zusammengefasst werden.

Control Section: Die wichtigste Möglichkeit, das Verhalten eines Shapes zu kontrollieren, ist das Hinzufügen von Controls. Diese erscheinen als „kleine gelbe Diamanten", welche der Benutzer auswählen und bewegen kann. Je nach eingefügten Formeln reagiert die Geometrie oder die Textposition eines Shape auf Veränderungen, die an diesem „Control-Handle" vorgenommen wurden. Ein Control besitzt im ShapeSheet die Zelle „Tip". Zeigt der Mauszeiger genau auf ein Control, so wird dem Benutzer ein Wert angezeigt, der in dieser Zelle hinterlegt ist.

Action Section: Die sich in diesem Abschnitt befindenden Zellen erlauben es dem Benutzer, Makros oder Standardfunktionen über ein Kontextmenü auszuführen. Während sich die Namen der aufzurufenden Prozeduren in der Zelle „Action" befinden, kann in der sich im ShapeSheet rechts davon befindenden Zelle „Menu" eine Beschreibung dieser Funktion eingetragen werden, welche dem Benutzer erscheint, wenn er nach Markierung eines Shapes dessen Kontextmenü mit der rechten Maustaste aufruft.

Miscellaneous Section: Dieser Abschnitt, im Deutschen „Sonstiges" genannt, enthält verschiedene Attribute von Shapes, wie z.B. die Möglichkeit, Controls ein- bzw. auszublenden oder Shapes nicht mehr markieren zu können. Weiterhin enthält er die Zelle „Comment", die mit der Zelle „Tip" der Controls Section verglichen werden kann. Wird der Mauszeiger auf das Shape gelegt, so erscheint dem Nutzer ein Wert, der in dieser Zelle definiert wurde.

3.2.2.2 Wichtige Funktionen innerhalb des ShapeSheets

Die Guard-Funktion: Diese Funktion schützt Ausdrücke in Zellen vor dem Löschen oder vor Veränderungen, welche durch Aktionen des Benutzers auf dem Zeichenblatt ausgelöst wurden. Zum Beispiel können durch die Befehle `Guard(PinX)` oder `Guard(PinY)` Koordinatenpunkte eines Shapes auf dem Zeichenblatt konstant gehalten werden.

Die Simulation von Ereignissen mit der DEPENDSON-Funktion: Diese Funktion kann in Abschnitten wie z.B. der Scratch Section, nicht aber in der Events Section, dazu benutzt werden, um durch Ereignisse Funktionen auszulösen. Durch den Befehl `RUNADDON("my_prog.exe")` + `DEPENDSON(PinX)` wird z.B. eine exe-Datei gestartet, sobald sich der Wert der Zelle „PinX" verändert hat. Diese Veränderung in der Zelle stellt nun aus Sicht der Zelle in der sich der RUNADDON-Befehl befindet, ein vom Benutzer definiertes Ereignis dar (vgl.[MSFT-Press01,159f]).

Die SHAPETEXT-Funktion: Hierdurch ermöglicht es Visio, von einer beliebigen Zelle des ShapeSheet aus, den Text eines Shapes zu referenzieren. Mit der Funktion SHAPETEXT(Sheet.3!theText) wird z.B. der Text von Sheet.3 in die gewünschte Zelle geschrieben. Soll der Text desjenigen Shapes verwendet werden, auf den sich das ShapeSheet selbst bezieht, wird die Funktion SHAPETEXT(theText) verwendet (vgl.[MSFT-ShapeSheet]).

3.2.3 Beispiel eines „SmartShapes"

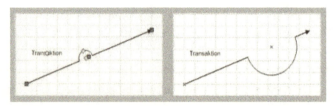

Abbildung 8: Ein Visio „SmartShape"

Shapes, welche mit zusätzlichen Verhaltensweisen und Eigenschaften ausgestattet sind, werden in Visio als „SmartShapes" bezeichnet (vgl.[MSFT-Press01,17]). Dieses Beispiel besteht aus zwei Shapes, welche zu einem übergeordneten Shape gruppiert wurden. Vom Verhalten lässt sich der Bogen sowohl entlang der X-Achse, als auch in Form seines Radius und seiner Ausrichtung verschieben bzw. vergrößern. Dies wird über Controls erreicht. Die Formel der Zelle „Scratch.C1" der Scratch Section sorgt dafür, dass die absolute Differenz zwischen dem Mittelpunkt des Bogens und der Sehne nie größer wird, als die Hälfte der Breite des Shapes. Dies wird durch folgenden Ausdruck erreicht:
=IF(Controls.Y1>Width/2;SETF("controls.y1";Width/2);IF(Controls.Y1
    Width/2;SETF("controls.y1";-Width/2);FALSE))
Das referenzierte Control beschreibt dabei die Ausdehnung der Sehne. In den Zellen, in denen die Koordinaten des Textfeldes eingegeben werden, wird durch die Befehle =Controls.X3 bzw. =Controls.Y3 eine Referenz auf die Koordinaten eines weiteren Controls erzeugt.

3.2.4 Bewertung des ShapeSheets

Als Stärke kann der ähnliche Aufbau im Vergleich zu Microsoft Excel genannt werden, der es vielen Benutzern leicht erscheinen lässt, sich darin einzuarbeiten. Das ShapeSheet versteht sich als eine abgeschlossene Programmierumgebung, mit der man komplexe Funktionalität realisieren kann, ohne Quellcode in einer höheren Programmiersprache schreiben zu müssen (vgl.[Grab00,83]). In besonders hohem Maße können Zellen des ShapeSheet zur Datenspeicherung genutzt werden. Negativ zu bewerten ist hingegen die geringe Unterschiedlichkeit der einzelnen Abschnitte. Sowohl User-Defined Cells, Custom Properties oder auch Zellen der Scratch Section besitzen nur marginale Unterschiede und deren Zellinhalte könnten in dem vorgestellten Beispiel jederzeit auch Zellen anderer Abschnitte zugeordnet werden. Die Flexibilität des ShapeSheets führt beim Entwickeln einer Lösung deswegen zu einer gewissen Beliebigkeit. Grabowski sieht als weiteres Problem, „dass es sehr viele ShapeSheet-Zellen hinter jedem Shape gibt, sogar hinter einer simplen Linie" [Grab00,83]. Weitere recht unangenehme Schwächen sind das Fehlen einer Druck- oder Exportfunktion für die Daten des ShapeSheets sowie die fehlende Möglichkeit, Werte und Formeln eines ShapeSheets in ein Anderes zu kopieren. Microsoft stellt ein Add-on zur Verfügung (vgl.[MSFT-PrintSheet]), welches diese Schwächen teilweise behebt, jedoch bereits in einer Standardlösung angeboten werden sollte und über dem hinaus für die deutsche Version von Visio 2002 nicht funktionsfähig ist.

3.3 Der Aufbau einer Visio-Lösung

Eine Visio-Lösung besteht in der Regel aus einem Dokument, welches mehrere Seiten enthält. Eines der wichtigsten Elemente einer Visio-Lösung sind sogenannte Stencils. Diese Dateien mit der Endung „vst." stellen sämtliche relevante Modellbausteine in Form von Mastern zur Verfügung, welche per „drag and drop" auf die Zeichenfläche gezogen werden. Zwischen den Shapes und ihren Master bleibt danach eine Verbindung bestehen. Besondere Eigenschaften oder benutzerspezifische Daten werden vom Master in die daraus erstellten Shapes weitervererbt (vgl.[Lel02,35f]). Öffnet man über das Menü „Tools-Makros-Visual Basic Editor" die Entwicklungsumgebung, wird automatisch die Hülle eines VBA-Projektes bereitgestellt. Diese Programmiersprache soll im kommenden Abschnitt hinsichtlich ihres Einsatzes mit Visio vorgestellt werden.

3.4 Programmierung in Visio

3.4.1 Das Visio-Objektmodell

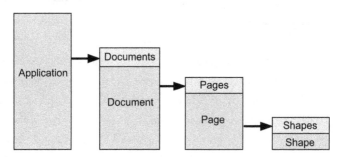

Abbildung 9: Ausschnitt des Visio Objektmodells [MSFT-ObjectModel]

Die dargestellten Objekte bilden das Grundgerüst des Visio-Objektmodells. Sie stehen jeweils in einer 1-n Beziehung zueinander. Die grau gezeichneten Objekte wie z.b. Shapes sind sogenannte Collection-Objekte, welche in der VBA-Programmierung eine entscheidende Rolle spielen. Diese dienen als eine Art Container für die darunter dargestellten Objekte. Weitere wichtige Objekte sind Visio.Cell zum Ansprechen von Zellen des ShapeSheet, Visio.Selection zum Markieren von Shapes, Visio.Master zum Ansprechen eines Masters im Stencil und Visio.Connection zum Verarbeiten einer Verbindung zwischen Shapes. Ein vollständiger Überblick bezüglich des Objektmodells ist unter [MSFT-ObjectModel_a] zu finden.

3.4.2 Die integrierte Entwicklungsumgebung VBA

3.4.2.1 Visual Basic for Applications

VBA ist als Makroprogrammiersprache zuerst in Excel 5.0 entstanden. Im Laufe der Zeit hat Microsoft alle Applikationen damit ausgestattet. Sie ist der Programmiersprache Visual Basic sehr ähnlich, wird jedoch nicht in Maschinencode kompiliert, sondern in einem Office-Dokument gespeichert und zur Laufzeit interpretiert. Quellcode kann generell von Visual Basic nach VBA übernommen werden und umgekehrt (vgl.[Gnoth02]). Jedoch sind mit VBA erstellte Module immer nur in einer Applikation lauffähig, d.h. es können keine eigenständig ausführbaren Programme (exe-Dateien) erstellt werden. VBA stellt für jedes

Dokument die Standardklasse ThisDocument zur Verfügung. In dieser Klasse können Funktionen und Variablen definiert werden, darüber hinaus kann darin eine besondere Art von Ereignisbehandlung erfolgen. Auf die Ereignisbehandlung in Visio wird in Kapitel 3.5 detailliert eingegangen. Zusätzlich besteht ein VBA-Projekt aus folgenden Elementen:

User Form: Eine User Form, im Deutschen Maske genannt, beinhaltet ActiveX Controls und dient zur Interaktion mit dem Benutzer. ActiveX ist ein Microsoft Standard auf Basis des Component Objekt Modells (COM), wobei diese beiden Begriffe schwer abzugrenzen sind. Mit Hilfe von ActiveX können Softwarekomponenten in Netzwerkumgebungen miteinander interagieren. Diese Komponenten, deren Hauptziel die Wiederverwendbarkeit ist, werden als ActiveX Controls bezeichnet (vgl.[MSFT-ActiveX] und [Schw03b]). Sie können in der VBA-Entwicklungsumgebung innerhalb einer Toolbox ausgewählt und per „drag and drop" in die User Forms eingefügt werden. Häufig verwendete Controls sind das Label Control zur Darstellung von Text, Text Controls für Texteingabefelder, Checkbox bzw. Option-Button Controls zum Anbieten von Auswahlmöglichkeiten innerhalb einer Maske oder ein Command-Button Control, das v.a. zum Ausführen von Befehlen verwendet wird. Über das Menu Extras können dem Projekt zusätzliche ActiveX Controls hinzugefügt werden.

Module: In ihm können Funktionen definiert werden, welche sich in Sub- und Functionfunktionen unterteilen lassen. Diese unterscheiden sich dadurch, dass Subfunktionen keinen Rückgabewert besitzen. Eine parameterlose Subfunktion wird dabei als Makro bezeichnet.

Class Module: Durch das Class Module werden in VBA objektorientierte Konzepte eingefügt (vgl.[Lom98,69ff]). Wie z.B. in C# können aus Klassen Instanzen erzeugt werden. Ein wichtiges Element von Klassen ist die Verwendung von Properties. Diese bestehen aus

- privaten Variablen, welche die aktuellen Daten beinhalten,

- der Property Let, um einkommende Daten entgegenzunehmen und gegebenenfalls zu validieren sowie

- der Property Get, um den Wert der privaten Variable zurückzugeben.

Ein weiteres Hilfsmittel innerhalb dieser Entwicklungsumgebung stellt der sogenannte

Objektbrowser dar. Durch Drücken der Taste F2 öffnet sich dieser in Form eines Fensters. In ihm können alle dem Programmierer zur Verfügung stehenden Objekte, Konstanten, Methoden und Eigenschaften angezeigt werden.

3.4.2.2 Zugriff auf Zellen des ShapeSheet mit VBA

Für die entworfene Visio-Lösung war es häufig notwendig, auf Zellen des ShapeSheet schreibend bzw. lesend zuzugreifen. Dies geschieht dadurch, dass jede Zelle im ShapeSheet über VBA durch einen eindeutigen Zellindex angesprochen werden kann. So kann z.b. die Zelle „TIP" der Controls Section über folgenden Befehl einem Cell-Objekt zugeordnet werden:

```
Set Cell = ActiveWindow.Selection.Item(1).Cells("Controls.Prompt1")
```

Eine Auflistung der einzelnen Zellnamen und Zellindices erfolgt in [MSFT-Press01,536ff].

3.4.2.3 Performanceorientierte VBA-Programmierung

Folgende Möglichkeiten wurden innerhalb der Visio-Lösung angewendet, um deren Performance zu optimieren:

1. Objekterzeugung durch mehrstufige Aufrufe

Das Erzeugen eines in der Objekthierarchie untergeordneten Visio-Objektes sollte in mehreren Stufen erfolgen. Werden diese übersprungen, führt jeder dieser übersprungenen Schritte zu mindestens einen (und möglicherweise vielen) Funktionsaufrufen, die zur Laufzeit im Hintergrund stattfinden (vgl.[Lom98,103]). Deshalb sollten Referenzen auf höhere Ebenen des Visio-Objektmodells soweit wie möglich in lokalen Objektvariablen gespeichert werden. Diese Referenzen werden dann wiederum dazu genutzt, das Objekt der jeweils niedrigsten Hierarchiestufe zu erzeugen.

Zum Beispiel sind die Ausdrücke

```
Set Currentpage   = Visio.ActivePage
Set Currentshapes = Currentpage.shapes
Set Currentshape  = Currentshapes.Item(1)
```
Dem Ausdruck `Set Currentshape  = Visio.ActivePage.Shapes.Item(1)` zu bevorzugen. Dies macht sich v.a. dann bezüglich der Performance bemerkbar, wenn das dargestellte Shape-Objekt innerhalb einer Schleife erzeugt wird.

2. Benutzung des Ausdruckes „For Each...Next"

Der „For Each...Next" Ausdruck ist hinsichtlich der Performance wesentlich schneller, als das Durchlaufen von Schleifen mit Hilfe von Indizes. Hierbei wird automatisch eine Referenz dem jeweils aktuellen Element der Schleife zugewiesen und am Ende der Schleife wieder entfernt (vgl.[Lom98,92]).

3. Einsatz des Befehles Application.ScreenUpdating

Wird dynamisch ein größeres Modell bzw. Diagramm auf einer aktuell sichtbaren Visio Seite aufgebaut, können diese kontinuierlichen, graphischen Änderungen auf dem Bildschirm zu großen Performanceproblemen führen. Indem dieser Befehl anfangs auf `false` gesetzt wird, kann erzwungen werden, dass das erzeugte Modell erst zu einem diskreten Zeitpunkt auf dem Bildschirm sichtbar wird. Dies geschieht, wenn man diesen Ausdruck vom Typ Boolean am Ende einer Funktion wieder auf `true` setzt (vgl.[MSFT-ScreenUpdating]).

4. Temporäres Abschalten der Ereignisverarbeitung

Über den Befehl `Application.EventsEnabled = false` kann die Ereignisverarbeitung einer Visio-Lösung ausgeschaltet werden. Dies ist immer dann sinnvoll, wenn die innerhalb der Ereignisprogrammierung aufgerufenen Aktionen wiederum Ereignisse auslösen, welche jedoch bewusst nicht verarbeitet werden sollen. Auch hierbei ist zu beachten, diesen Befehl am Ende einer Funktion wieder auf `true` zu setzen.

5. Entfernen von Objekten am Ende einer Funktion

Erzeugte Objekte sollten am Ende einer Funktion durch den Befehl `Set object = Nothing` wieder aus dem Speicher entfernt werden, um eine unnötige Belastung und mögliche Seiteneffekte zu vermeiden.

3.4.3 Visio-Ereignisprogrammierung

Ein Ereignis wird allgemein als eine, meist vom Benutzer ausgelöste Aktion beschrieben, auf welches innerhalb einer Visio-Lösung reagiert werden kann (vgl.[MSFT-Event]). Visio stellt insgesamt drei Möglichkeiten bereit, Ereignisse zu verarbeiten: Die erste und einfachste Möglichkeit ist das Verarbeiten von Ereignissen innerhalb der Klasse ThisDocument. Diese stellt dafür eine Menge vordefinierter Funktionen zur Verfügung (vgl.[MSFT-Document-Event]). In VBA gibt es außerdem die Möglichkeit, das WithEvents-Schlüsselwort zu benutzen, um Objektvariablen zu definieren, welche auf Ereignisse reagieren können (vgl.[Mar00,216]). Eine weitere Alternative dazu ist die Anwendung der AddAdvice-Funktion. Dazu wird genauso, wie bei der Anwendung von WithEvents ein Klassenmodul in einem VBA-Projekt erstellt. In dieser Klasse muss nun über den VBA-Befehl `Implements` das Interface `Visio.IvisEventProc` implementiert werden. Dieses Interface stellt folgende Prozedur bereit:

```
Public Sub VisEventProc(eventCode As Integer, sourceObj As
Object,eventID As Long, seqNum As Long, subjectObj As Object,
moreInfo As Variant)
```

In der Funktion, von wo aus diese Klasse instantiiert wird, muss zusätzlich ein Eventlist-Objekt zur Repräsentation einer Ereignisliste implementiert werden. Folgendes Beispiel fügt der Ereignisliste ein Shape-Added Ereignis hinzu:

```
eventsObj.AddAdvice (visEvtShape + visEvtAdd)
```

`visEvtShape` und `visEvtAdd` ergeben zusammen den Ereigniscode, wodurch das Ereignisobjekt spezifiziert wird, welches der Ereignisliste hinzugefügt wurde (vgl.[MSFT-Event-Codes]). Als weitere nützliche Funktionalität kann über den Befehl `Visio.Application.CurrentScope` die Quelle bestimmt werden, von der aus das Ereignis erzeugt wurde. Diese Quelle besitzt eine globale Konstante von Wert Integer, welche in der VBA-Umgebung innerhalb des Objektbrowsers aufgelistet ist.

3.4.4 Die Darstellung der Visio-Modelle im Web

Microsoft Visio 2002 bietet die Möglichkeit, Diagramme im Hypertext Markup Language (HTML)-Format abzuspeichern und liefert dazu ein eigenständiges Objektmodell mit den Objekten `VisSaveAsWeb` und `VisWebPageSettings`. Um mit diesem Modell in VBA arbeiten zu können, ist es zunächst notwendig, dessen Referenz in das Projekt einzufügen. Durch Anwendung dieser Möglichkeit bleiben die Hyperlinks der Visio-Lösung im HTML-Format bestehen, die Custom Properties der Visio Shapes werden innerhalb von HTML-Seiten visualisiert und die ausgewählten Visio Seiten können im sogenannten Page-Tab-Format angeordnet werden. Visio erzeugt alle notwendigen Dateien unter einem zu definierenden Pfad, damit das Modell - wenn gewünscht - im World Wide Web veröffentlicht werden kann (vgl.[MSFT-SaveAsWeb]). Es ist dabei zu bemerken, dass Microsoft hinsichtlich der Darstellungsfähigkeit von Visio für das Web eine deutliche Weiterentwicklung plant. So wird in der gegenwärtig erscheinenden, neuen Version von Visio ein ActiveX Control angeboten, womit es dann möglich ist, Diagramme webbasiert erstellen zu können (vgl.[MSFT-ActiveX03]).

3.4.5 Visio und Microsoft .Net

Im Folgenden soll dargestellt werden, wie von der neuen, für das .Net Framework entwickelten Programmiersprache C# auf Visio zugegriffen werden kann. Microsoft .NET ist eine Entwicklungsplattform, innerhalb derer mehrere Microsoft-Technologien, die in den letzten Jahren entstanden sind, integriert wurden (vgl.[Bell01,9f]). Um Visio von C# aus zu steuern, wird die von der Microsoft Homepage downloadbare Office Primary Interop Assembly (PIA) eingesetzt (vgl.[MSFT-PIA]). Dieses Paket enthält dynamic link libraries (dll)'s für die Interoperabilität zwischen der .Net Umgebung und dem Microsoft Office Paket. Die PIA erlaubt es „unmanaged", also herkömmlichen COM-Quellcode von „managed" Code, der unter der Kontrolle des .NET Frameworks steht, über die Laufzeitumgebung des Frameworks aufzurufen (vgl.[Bell01,15]). Dies erfolgt durch das sogenannte Marshalling (vgl.[Schw03a]). Dadurch werden die Funktionsnamen und Parameter des „unmanaged" Code in einem Nachrichtenpaket verpackt und über Remote Procedure Calls dem .Net Framework zur Verfügung gestellt. Die gegebenenfalls modifizierten Daten werden anschließend wieder zurückgesendet. Für diesen Austausch mit Visio müssen die Dateien Stdole.dll und Microsoft.Office.Interop.Visio.dll als Referenzen in ein .Net basiertes Softwareprojekt eingebunden werden.

3.4.6 Visio Add-ons und Add-ins

Durch Add-ons und Add-ins bietet Visio eine wichtige Alternative zur VBA-Entwicklungsumgebung, um Visio benutzerspezifisch erweitern zu können (vgl.[MSFT-Add]). Während Add-ons entweder aus Dateien vom Format exe oder vsl bestehen können, sind Add-ins stets dll-Dateien. Der Unterschied zwischen exe- und vsl-Dateien besteht darin, dass vsl-Dateien Visio-spezifisch sind, innerhalb eines Visio-Prozesses ablaufen und gegenwärtig nur mit Hilfe der Programmiersprache C++ erstellt werden. Alle mit Visio 2002 ausgelieferten Add-ons sind vsl-Dateien. Man kann sie als Sonderform von dll's bezeichnen, die einen festgelegten Zugriffspunkt besitzen. Add-ons in Form von exe-Dateien bilden hingegen eigenständige Applikationen, die mit der laufenden Visio-Instanz verbunden werden müssen (vgl.[MSFT-Press01,29]).

Aufbauend auf den in den beiden vorangegangenen Kapiteln vermittelten Grundlagen, wird nun der Realisierungsprozess der erstellten Visio-Lösung beschrieben.

4 Realisierung der SOM-Geschäftsprozessmodellebene mit Visio

4.1 Die Vorgehensweise beim Entwurf der Visio-Lösung

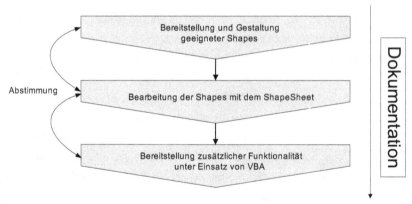

Abbildung 10: Vorgehensweise beim Erstellen der Visio-Lösung in Anlehnung an [Lel02,182]

Eine Hauptanforderung an den Entwickler ist es, die unterschiedlichen Entwicklungsschritte aufeinander abzustimmen. Deshalb war ein iteratives Vorgehen beim Erstellen der

Visio-Lösung unabdingbar. Während die Dokumentation der Anforderungen und Lösungskonzepte im Rahmen dieser Ausführung erfolgt, wurde das Programmiermodell in Form eines Visio-Diagramms erstellt, welches durch die Dokumentation des VBA-Quellcodes ergänzt wurde.

4.2 Auswahl und Gestaltung geeigneter Shapes

Die benötigten Shapes wurden in Form von Mastern in drei Stencils hinterlegt, die im Folgenden erläutert werden sollen:

4.2.1 Stencils zur Bereitstellung der Elemente

Stencil Interaktionsschema: In diesem Stencil stehen die Modellelemente Diskurswelt- und Umweltobjekt sowie Leistungstransaktion zur Verfügung. Durch diese Master kann die initiale Leistungssicht modelliert werden.

Stencil Vorgangsereignisschema: Hierin wird ein „Balken" bereitgestellt, wodurch eine optische Veränderung des VES gegenüber der herkömmlichen Modellierung erreicht werden soll. Die Aufgaben eines bestimmten Aufgabenobjektes müssen sich nun in einer Vorgangsreihe befinden. Der Name des Aufgabenobjektes ist nur noch in der linken Spalte des „Balkens" zu finden. Möchte der Benutzer Vorgänge auf dem „Balken" verschieben, so soll dieses „Hintergrund-Shape" für ihn völlig transparent sein, d.h. es soll weder markierbar noch verschiebbar sein. Um dieses Ziel zu erreichen, wurden in der Miscellaneous Section des ShapeSheets des „Balkens" die Zelle „NoAllignBox" auf true gesetzt. Weiterhin wurde die X- und Y-Position des Shapes vor Veränderungen geschützt. Für größere Modelle sollte dieses Shape jedoch entlang der X-Achse erweiterbar sein. Deshalb wurde die Referenz eines hinzugefügten Controls in die Zelle „EndX" des Shapes gesetzt, wodurch die X-Koordinate des „Balkens" nun durch den Nutzer gesteuert werden kann. Weitere Master repräsentieren Transaktions-, Umwelt- und objektinterne Ereignisse sowie Umwelt- und Diskursweltaufgaben. Der Master „Heading" dient als Überschrift, die beim Aufbau des VES oberhalb der Vorgangsreihen angebracht werden soll.

Stencil Zerlegungsprodukte: Innerhalb der in diesem Stencil hinterlegten Master werden alle potentiellen Ergebnisse der Anwendung der Produktionsregeln bereitgestellt. Die Auswahl dieser Master soll niemals manuell, sondern stets über die später noch beschriebenen Masken erfolgen. Im nächsten Abschnitt sollen diejenigen Shapes, welche die SOM-Metaobjekte repräsentieren, vorgestellt werden:

4.2.2 Shapes zur Repräsentation der Elemente

4.2.2.1 Diskurswelt- und Umweltobjektshape

Der Master zur Repräsentation eines Diskursweltobjektes besteht aus einem Rechteck, an deren Seiten mehrere Connection Points angebracht wurden. Bei der Modellierung wird mit einem dieser Connection Points das Ende einer Transaktion verbunden. Ein Benutzer kann diese Punkte - wenn gewünscht – über das Menü „View-Connection Points" unsichtbar machen. Zusätzlich findet sich im Mittelpunkt des Shapes ein Control. Mit ihm kann der Text des Shapes verschoben werden. Die Gestaltung des Umweltobjektshapes erfolgte bis auf dessen elliptischer Form analog zum Diskursweltobjektshape.

4.2.2.2 Leistungstransaktions- und Transaktionsshape

Zur Unterscheidung einer Leistungs- von einer anderen Transaktion wurde in deren ShapeSheet der Wert der Zelle „TextBkgnd" von „0" auf „8" gesetzt, so dass nun der Hintergrund des Textes einer Leistungstransaktion in der Farbe hellblau dargestellt wird. Master für Transaktionen wurden durch das „Connector-Tool" erstellt. Connectors sind 1-D Shapes, welche als besondere Eigenschaft die Verbindung zu anderen Shapes erhalten, wenn diese verschoben werden. Je nach Einstellung können sich Connectors auch um andere Shapes herumbewegen, um eine Verbindung zu erhalten. Die Endpunkte dieser Connectors wurden mit den Connection Points der Shapes, welche zu Diskurs- oder Umweltobjekten gehören, verbunden.

4.2.2.3 Optimierung des Verbindungsverhaltens zwischen Objekten und Transaktionen

Um das Verbindungsverhalten zwischen diesen Shapes zu optimieren, wird hierzu die „Snap und Glue"-Funktionalität im Menü Tools eingesetzt. Es wird hierbei als optimal angesehen, Verbindungen nur zwischen Connection Points zu definieren, also nicht die 2-D Geometrie der Objekte auszunutzen. Die Stärke des Verbindungsverhalten wird dabei auf „20" gesetzt. Durch diesen hohen Wert wird erreicht, dass Transaktionen von den Connection Points der Objekte angezogen werden, wenn diese in deren Nähe gebracht werden. Weiterhin wird über den Befehl „Glue-To" eingestellt, dass die betreffenden

Shapes nicht nur optisch miteinander verbunden sind, sondern dass Visio diese Beziehung auch als Verbindung anerkennt. Über die Menübefehle „Page-Page Setup-Layout and Routing" wurde als Stil „Center to Center" eingestellt. Die angeordneten Shapes tendieren durch diese Einstellung dazu, sich jeweils nach einem Zentrum, welches durch die modellierten Elemente selbst gebildet wird, auszurichten. Mehrere Tests führten zum Ergebnis, diese Einstellungen als optimal anzusehen.

4.2.2.4 Aufgabenshapes

Aufgaben, die sich entweder auf Diskurs- oder auf Umweltaufgabenobjekte beziehen, werden unterschiedlich dargestellt. Sie sind jeweils aus zwei gruppierten Shapes zusammengesetzt. Das innere Shape hat die Aufgabe der Textdarstellung, während das äußere den Rahmen dafür bilden soll. Im Falle einer Umweltaufgabe ist das äußere Shape elliptisch, im Falle einer Diskursweltaufgabe rechteckig. Das Verhalten dieser Shapes wurde so eingestellt, dass sie weder in ihrer Größe verändert, noch entlang der Y-Achse verschoben werden können.

4.2.2.5 Shapes zur Darstellung der Ereignisse

Objektinterne Ereignisse: Ein Modellierer würde ein objektinternes Ereignis bisher durch zwei Linien, welche durch einen Kreis verbunden sind, modellieren. Ziel sollte es sein, diese drei Shapes durch ein „SmartShape" zu ersetzen. Dieses Shape sollte die Anforderung unterstützen, dass sich die verbundenen Aufgaben auf das gleiche Aufgabenobjekt beziehen und sollte die nötige geometrische Flexibilität besitzen, um auch weiter voneinander entfernte Aufgaben zu verbinden. Dazu wurde zunächst eine Linie verwendet und für diese ein kreisförmiges Ende mit maximaler Größe eingestellt. Die Anfangskoordinaten einer zweiten Linie verweisen auf das veränderte Linienende des ersten Shape. Der Wert von Zelle „EndY" der zweiten Linie bildet eine Referenz auf die Zelle „BeginY" von Linie 1. Wird Linie 1 entlang ihrer Y-Achse verändert, so passt sich die Y-Koordinate des Endes von Linie 2 dadurch automatisch an. In Linie 1 wird zusätzlich ein Control eingefügt. Dessen Koordinaten steuern wiederum die Koordinaten des Kreises.

Umweltereignisse: Dieses Shape besteht aus einer Linie mit dem bei objektinternen Ereignissen beschriebenen Ende. Im Gegensatz zu objektinternen Ereignissen soll es jedoch hier zusätzlich möglich sein, diese Ereignisse zu benennen.

Transaktionsereignisse: Hierfür wurden die beschriebenen Connectors verwendet. Es wird im späteren Verlauf erläutert werden, dass der Nutzer diese Shapes bei der Modellierung im VES automatisch erzeugen kann und zu keiner Zeit manuell auswählen muss.

4.2.3 Die Typisierung der Metaobjekte

Die Typisierung der Metaobjekte ist ein einfacher, aber dennoch einer der wichtigsten Schritte der Realisierungsphase. Die in Abbildung 11 dargestellte Einteilung wurde fast von jeder programmierten VBA-Funktion zur Unterscheidung der Modellelemente verwendet. Um den Typ eines Elements eindeutig identifizieren zu können, wurde mit den User-Defined Cells Section des ShapeSheets gearbeitet. Jedes im Master repräsentierte Metaobjekt hatte für die Zelle namens „User.TYPE" einen spezifischen Wert:

Modellelement	Diskurswelt-Umweltobjekt	Leistungs-transaktion	A-V-D Transaktion	S-K Transaktion	Aufgabe(Diskurs-welt, -Umwelt)	Transaktions-, objektinternes,-Umwelt-ereignis
Wert der Zelle User.TYPE	11,12	20	21,22.23	24,25	33,34	35,36,37

Abbildung 11: Das Typisierungskonzept

Zusätzlich wird ereignisorientiert der Typ eines gesteuerten Objektes erzeugt, indem die Zelle „User.TYPE2" definiert wurde, welche beim Verbinden der Pfeilspitze einer Steuertransaktion mit einem Diskursweltobjekt von „0" auf „1" gesetzt wird. Diese triggert über die DEPENDSON-Funktion die Zelle „TextBkgnd", setzt ihren Wert auf „8" und ändert dadurch die Hintergrundfarbe des Textfeldes auf hellblau. Beim Löschen dieser Verbindung wird der Wert von „User.TYPE2" auf „0" zurückgesetzt und die farbliche Markierung des Objektes wieder zurückgenommen.

4.2.4 Das Anlegen von Notizen an Modellelemente

Es wurde weiterhin die Funktionalität implementiert, an Transaktionen und Objekten Notizen anhängen zu können. Dadurch kann der Modellierer bei einer Leistungs-transaktion die übergebene Leistung, wenn gewünscht, näher spezifizieren. Bei den anderen Modellelementen ist diese Funktionalität hervorragend dazu geeignet,

Hintergrundinformationen oder Gedankengänge des Modellierers einem Element unmittelbar und persistent hinzuzufügen. Die Firma Visimation bietet den kostenlosen Download eines Visio Add-ons an, mit dem ebenfalls Notizen an ein Shape gehängt werden können (vgl.[Visi-Notes]). Dieses Add-on bietet überdem hinaus die Möglichkeit, die Notiz als Textdatei zu speichern sowie Textdateien zu importieren und als Notiz zu verwenden. Es muss jedoch erst von einem Benutzer auf dem jeweiligen Zielrechner installiert werden.

4.3 Die Umsetzung der Produktionsregeln

In diesem Abschnitt soll das grundsätzliche Konzept erläutert werden, wodurch Modellelemente aus einem Modellelement produziert werden können.

4.3.1 Die Funktionsweise der entworfenen Masken

Nachdem der Benutzer ein Modellelement markiert hat, kann er über dessen Kontextmenü die jeweiligen, für das Element definierten, Zerlegungsmöglichkeiten aufrufen. Es öffnet sich eine Maske, auf der sich ein Bild befindet, worauf die Menge der potentiell produzierbaren Kombinationen von Modellelementen dargestellt wird. Innerhalb dieser Bilder werden Checkbox Controls angebracht, mit denen durch Anklicken bestimmt werden kann, ob das dargestellte Element auf die Zeichenfläche gebracht werden soll. Um dies zu realisieren, wurde innerhalb des zu einer Maske gehörenden Quellcodes die Verbindung zu einem, mit dem Bild korrespondierenden Master hergestellt. Eine Checkbox korrespondiert dabei mit einem Shape innerhalb des Masters. Eine weitere Funktionalität besteht in der Möglichkeit, die Position der neu erstellten Modellelemente im Verhältnis zum Ausgangselement zu setzen und die Benutzereingabe dahin zu prüfen, ob ein numerischer Wert eingegeben wurde. Nach Anklicken der Maskenschaltfläche wird zunächst der komplette Master auf die Zeichenfläche gelegt und die nicht ausgewählten Modellelemente entfernt, indem die Subshapes, des auf die Zeichenfläche gebrachten Shapes, gelöscht werden. Nach diesem Löschen wird dessen Gruppierung aufgehoben. Nun ist das gewünschte Ergebnis auf dem Zeichenblatt vorhanden. Das zu differenzierende Element wird nach Anwendung der Produktionsregel automatisch gelöscht.

4.3.2 Transaktionszerlegung

Abhängig von der Ausgangstransaktion öffnet sich dem Nutzer eine Maske, in der entweder S-K- oder A-V-D-Transaktionen für die Zerlegung ausgewählt werden können. Es ist z.b. nicht möglich eine K-Transaktion nach A-V-D zu differenzieren. Beim Einblenden der Maske ist je nach Ausgangselement nur entweder ein, eine D- oder S-Transaktion repräsentierendes Checkbox Control, anklickbar. Die Checkbox einer A-Transaktion ist nur dann aktiviert, wenn die Checkbox einer V-Transaktion markiert wurde. Weiterhin kann für die A-V-D-Transaktionszerlegung noch eine von vier möglichen Richtungen ausgewählt werden.

4.3.3 Objektzerlegung

Bei dieser Differenzierungsart soll über eine Maske ausgewählt werden können, das Objekt nach S-K oder A-V-D zu zerlegen. Die Auswahl der dargestellten Transaktionen erfolgt hierbei genauso wie bei der Maske für die Transaktionszerlegung. Wird keine Transaktion ausgewählt, dann werden die beiden links dargestellten Objekte erzeugt, um der Anforderung aus Produktionsregel 2 nachzukommen, in der Transaktionen nur optional zwischen zwei Objekten vorkommen müssen. Die Zerlegung eines Objektes nach A-V-D ist die Zusammenfassung zweier Produktionsregeln: Zunächst wird ein Objekt in zwei Objekte zerlegt, welche durch eine nicht weiter zu spezifizierende Transaktion verbunden werden. Diese wird in einem zweiten Schritt nach dem Verhandlungsprinzip weiter zerlegt. Um dem Nutzer ein schnelles Verständnis dieser Funktionalität zu vermitteln, kann eine weitere Maske aufgerufen werden, in der kurz die Benutzung der A-V-D- Objektzerlegung erläutert wird.

4.3.4 Spezialisierung von Diskurswelt-, Umweltobjekten und Transaktionen

Auch für diese Funktionalitäten wurden Masken realisiert, mit denen ein bis vier Diskursweltobjekte zur Spezialisierung ausgewählt werden können. In gleicher Weise wird die Zerlegung und Spezialisierung eines Umweltobjektes ermöglicht, jedoch ohne dass diese durch Transaktionen verbunden werden können. Die Typerhaltung bei Transaktionen wird durch ein dynamisches Kopieren vom Wert der Zelle „User.TYPE" des Ausgangselements in die Zielelemente erreicht. Bei Leistungstransaktionen muss dabei zusätzlich deren Hintergrundfarbe erstellt werden.

4.3.5 Sequentielle und parallele Zerlegung von Transaktionen

Für diese Funktionalität werden jeweils zwei zueinander entgegengesetzt verlaufende Elemente zur Auswahl über eine Maske angeboten. Zusätzlich kann noch zwischen deren horizontaler bzw. vertikaler Richtung ausgewählt werden. Die Typerhaltung wird analog zur Spezialisierung hergestellt. Zwischen sequentieller und paralleler Zerlegung wird hierbei nicht explizit unterschieden. Dies könnte innerhalb der Maske durch das Anbringen eines Option-Button Controls realisiert und im jeweiligen ShapeSheet der erzeugten Elemente gespeichert werden.

4.3.6 Realisierung der Mehrstufigkeit

Die Anforderung der mehrstufigen Anwendung der Produktionsregeln erfordert, dass dem Modellierer bei Zerlegungsprodukten, über deren Kontextmenü, die selben Differenzierungsmöglichkeiten zur Verfügung stehen müssen wie bei ihren Ausgangs-produkten. Dies wurde realisiert, indem in den Mastern der Zerlegungsprodukte, in den Zellen „Action" der Actions Section, Runaddon–Befehle, mit den jeweils, die entsprechenden Masken aufrufenden Funktionen, eingetragen wurden. Entsprechende Einträge in die Zelle „Menu" führen dazu, dass dem Nutzer diese Funktionen dann auch wieder über das Kontextmenü angezeigt werden und er diese auswählen kann.

4.4 Die Definition und Behandlung von IAS-Zerlegungsstufen

Um den Modellierer die Möglichkeit zu geben, sich auf eine IAS-Zerlegungsstufe zu konzentrieren oder die Beziehung zwischen zwei IAS-Zerlegungsstufen zu analysieren, müssen die nicht relevanten Ebenen ausgeblendet werden können. Zur Realisierung dieser Funktionalität wurde das Visio Layer-Konzept verwendet. „Visio benutzt Layer, um Shapes in Kategorien organisieren zu können" [Grab00,48]. Dazu können Shapes beliebig vielen Layern zugeordnet werden. Im Anschluss daran kann der Benutzer auswählen, welches Layer für ihn sichtbar sein soll. Für die Seite IAS wurden insgesamt acht Layer definiert. Es können demnach sieben Zerlegungsstufen zusätzlich zur initialen Leistungssicht dargestellt werden. Die Anzahl an Layer kann je nach Bedarf verändert werden. Es kann über das Kontextmenü eines Labels ausgewählt werden, welche IAS-Zerlegungsstufe sichtbar sein soll. Weiterhin besteht die Möglichkeit, zwei oder alle

Ebenen anzeigen zu lassen. Dem Master des Labels wurden alle acht Layer zugewiesen, damit dieses unabhängig von der Auswahl einer IAS-Zerlegungsstufe stets sichtbar bleibt. Die Definition dieser Zerlegungsstufen wurde dabei folgendermaßen realisiert: Der Modellierer ist zu Beginn nur in der Lage, die Metaobjekte der Leistungssicht auf das Zeichenblatt zu legen. Das Label „IAS-Zerlegungsstufe1" mit dem dazugehörigen Label „initiale Leistungssicht" gibt dem Modellierer dabei eine Startposition. Wurde nun die initiale Leistungssicht erstellt, werden über die Funktion „kopieren", welche über das Kontextmenü des Labels aufgerufen werden soll, alle Modellelemente der aktuellen Stufe in die nächste IAS-Zerlegungsstufe dupliziert. Die alte IAS-Zerlegungsstufe ist dann, bis auf ihr Label, unsichtbar. Jedes kopierte Modellelement ist nun zu seinem Ausgangselement gleich, jedoch nicht in seiner ID identisch. Neben der kopierten Zerlegungsstufe wird dann ein Label mit dem Namen der nächsten Zerlegungsstufe auf das Zeichenblatt gelegt. Durch Doppelklick auf eines dieser Shapes wird jeweils nur die zu diesem gehörige IAS-Zerlegungsstufe sichtbar. Diese Funktionalität war unter Performanceaspekten am Rande dessen ist, was mit Visio-VBA realisierbar ist. Das Anwenden dieser Funktion führte beim Kopieren von Zerlegungsstufen, welche viele Modellelemente enthielten, häufig zur Fehlermeldung „Requested Operation is presently disabled". Daraufhin muss die Ereignisbehandlung durch den Aufruf eines Makros wieder eingeschaltet und die Funktion wiederholt werden. Diese Fehlermeldung kam als Ergebnis von Tests fast immer durch das Umgruppieren der Elemente einer erzeugten IAS-Zerlegungsstufe zustande. Deshalb wurde im Quellcode vor dem Umgruppieren der VBA-Ausdruck On Error Resume Next eingefügt. Durch diesen Befehl wird eine, einen Fehler verursachende Zeile des Quellcodes übersprungen. Das Ergebnis war nun, dass die Fehlermeldung nicht mehr auftrat, die Gruppierung der erzeugten Elemente manchmal aufgehoben wurde, manchmal jedoch nicht. Da dies für den Nutzer unverständlich ist, wurde auf das automatische Umgruppieren schließlich ganz verzichtet und an Stelle dessen ein Hinweis ausgegeben, dies manuell durchzuführen.

4.4.1 Bewertung der Darstellung von Beziehungen durch Hyperlinks

Sowohl über das ShapeSheet, als auch über die VBA-Programmierung ist es möglich, shapespezifische Hyperlinks zu definieren. Diese Hyperlinks besitzen eine „Subadress"-Zelle bzw. Property. Wird in dieser ein Verweis auf eine Seite und ein Shape erstellt, kann die darin definierte Seite aufgerufen bzw. das definierte Shape in das Zentrum der Bildfläche gesetzt werden. Es wäre durch die Anwendung einer Produktionsregel möglich, bei allen Zerlegungsprodukten einen Hyperlink auf das Ausgangselement zu setzen und gleichzeitig beim Ausgangselement mehrere Hyperlinks zu definieren, welche auf die Zerlegungsprodukte verweisen und über dessen Kontextmenü jeweils ausgeführt werden könnten. Da allerdings die Modellierung der IAS-Zerlegungsstufen auf einer Seite stattfindet, und es kaum auffällt, wenn ein Hyperlink von einem Zerlegungsprodukt auf sein Ausgangselement ausgeführt wird, wird im Rahmen der erstellten Visio-Lösung auf die Anwendung von Hyperlinks zur Darstellung von Beziehungen verzichtet.

4.4.2 Herstellung einer Beziehung zwischen IAS-Zerlegungsstufen

Diese Beziehung konnte durch das Zusammenspiel von VBA und dem ShapeSheet realisiert werden und bildet die Grundlage, um Funktionen zur Darstellung von Zerlegungsbäumen, zum rekursiven Löschen zwischen Zerlegungsstufen oder für dynamische Textreferenzen von Zerlegungsprodukten auf ihre Ausgangselemente, anbieten zu können. Eine Beziehung muss sowohl bei der Anwendung der Produktionsregeln, beim Kopieren einer IAS-Zerlegungsstufe, als auch beim ereignisorientierten Hinzufügen von Modellelementen aufgebaut werden. Der Text dieses Ausgangselements wird dabei durch eine Formel erzeugt, die sich aus der Funktion `ShapeText` und dem Namen des zu duplizierenden Shapes zusammensetzt. Die Formel wird in die Zelle „User.Tip" des kopierten Elements geschrieben. Bei Zerlegungen innerhalb einer IAS-Zerlegungsstufe wird die Formel von der Zelle „User.Tip" des Ausgangselements in die Zelle „User.Tip" des Zielelements kopiert. Diese wird wiederum aus der Zelle „Tip" durch das Einfügen des Verweises `User.Tip` referenziert. Es kam bei Anwendung dieser Funktionalität jedoch gelegentlich vor, dass die Referenz in der Zelle „User.Tip" des Zerlegungsproduktes einen Fehler aufweist. Dieser resultiert daraus, dass erst dann für das duplizierte Shape eine ID erzeugt wird, nachdem dessen Zelle bereits gefüllt wurde. Ist dies der Fall, wird die Referenz auf das Ausgangselement z.B. `ShapeText(Sheet.25!TheText)` durch die Referenz auf das eigene Shape ersetzt, welche durch den Befehl `ShapeText(TheText)` dargestellt wird. Wenn dieses Problem auch nur einmal vorkommt, ist die Beziehung zu allen weiteren, daraus erstellten Zerlegungsprodukten unterbrochen. Um dies zu vermeiden, wurde die Bereitstellung der

Funktionalität in zwei Schritte unterteilt: Zunächst wird der zusammengestellte String übertragen und so manipuliert, dass sich der Inhalt beim Einfügen als Formel in die Zelle nicht mehr verändert. Gleichzeitig wurde in die Zelle „Comment" der Miscellaneous Section der (beliebige) Wert „33" geschrieben. Diese Zelle kann mit einer Zellnotiz in Excel verglichen werden. Ein angenehmer Nebeneffekt führt dazu, dass nach dem Kopieren einer IAS-Zerlegungsstufe der aktuelle Wert dem Benutzer angezeigt wird, wenn man sich mit dem Mauszeiger über dem Shape befindet. Hat der Benutzer das Label geklickt und der Wert bleibt bei „33", so wurde diese „Bereinigungsfunktion" aus Performancegründen kurzfristig nicht ausgeführt und muss wiederholt werden, um die dynamische Beziehung herzustellen.

4.4.3 Diskussion der Konsistenz einer IAS-Zerlegungsstufe

Nach deren Definition soll nun erläutert werden, wie bei einer IAS-Zerlegungsstufe die Konsistenz gegenüber den Teilmetamodellen der Sicht gewährleistet werden kann. Es wurde als grundsätzlich notwendig erachtet, die Verbindungen von Transaktionen zu überprüfen. Auf den Seiten IAS und IAS1 wird deshalb jeweils eine Aktion definiert, mit der eine Funktion zur Realisierung dieser Anforderung ausgeführt werden kann. Besitzt eines dieser Modellelemente nicht genau zwei Verbindungen, so soll ein Hinweis ausgegeben und das betroffene Element markiert werden. Durch die Anwendung der Produktionsregeln, also der gültigen Kombinationen der Modellentwicklung, wird der Modellierer in hohem Maße bei der Fehlervermeidung unterstützt. Es stellt sich nun die Frage, welche Inkonsistenzen durch den Modellierer innerhalb einer IAS-Zerlegungsstufe verursacht werden können. Wurde z.B. eine A-V-D-Transaktions- bzw. Objektzerlegung durchgeführt, entsteht eine Inkonsistenz, wenn der Modellierer eine V-Transaktion löscht, ohne die dazugehörige A-Transaktion zu löschen. Auf diese potentielle Fehlerquelle sollte reagiert werden: Dazu wurden in den Mastern zur Repräsentation von Objekt- und Transaktionszerlegungen zwei weitere User-Defined Cells eingeführt. Die Zelle „User.ID" einer A-Transaktion beinhaltet die Funktion ID(), wodurch die aktuelle ID eines Shapes in diese Zelle geschrieben wird. Die Zelle „User.Ref" der V-Transaktion referenziert nun diese Zelle und damit die ID der A-Transaktion. Analog erfolgte dieses Verfahren zwischen V- und D- sowie zwischen K- und S-Transaktionen. Durch diese Schritte wurden die Grundlagen geschaffen, eine ereignisgesteuerte Konsistenzprüfung durchzuführen.

Diese, sowie alle weiteren realisierten ereignisgesteuerten Funktionen, werden im Folgenden erläutert:

4.5 Der Einsatz von Ereignissen

4.5.1 Ereignisorientierte Konsistenzprüfung beim Löschen von Transaktionen

Beim Löschen einer Transaktion wird nun, wenn sie die Zelle „User.Ref" besitzt, geprüft, ob deren Wert der ID eines Shapes auf dem Zeichenblatt entspricht. Wird bei einer Transaktionszerlegung nur eine V-D-Zerlegung ausgewählt, so besitzt die Formel der Zelle „User.Ref" der erstellten V–Transaktion den Wert „Ref()", weil die Referenz zur A-Transaktion durch dessen Löschen verloren gegangen ist. Visio wertet dafür den (nicht mehr gültigen) Wert aus, den die A-Transaktion im Master besessen hat. Dies musste innerhalb der Ereignisverarbeitung abgefangen werden. Wurde nun über dieses Verfahren eine Inkonsistenz ermittelt, sollte die letzte Aktion des Benutzers, versehen mit einem Hinweis, rückgängig gemacht werden. Für das Kommando „Rückgängig" wurde der Befehl `Application.DoCmd(1017)` verwendet, wobei 1017 die Visio-Konstante für die Aktion „rückgängig" darstellt. Dies führte allerdings zu der Fehlermeldung „Requested operation is presently disabled", weshalb nur ein Hinweis ausgeben wurde, verbunden mit der Aufforderung, die Aktion rückgängig zu machen.

4.5.2 Ereignisorientierte Konsistenzsicherung zwischen IAS-Zerlegungsstufen beim Löschen eines Modellelements

Hierfür wird eine rekursive Funktion bereitgestellt, welche ereignisorientiert durch das Entfernen eines Modellelementes ausgelöst wird. Diese Funktion hat zum Ziel, alle Zerlegungsprodukte, welche direkt oder indirekt aus diesem Modellelement hervorgegangen sind, zu löschen. Genutzt wird dabei die beschriebene, dynamische Verbindung zwischen Ausgangs- und Zerlegungsprodukten. Zunächst wird über den Befehl `Application.CurrentScope` die Ereignisquelle geprüft und im Falle der Ereignisquelle „entfernen", die Verarbeitung gestartet. Es ist dabei zu berücksichtigen, dass das Löschen eines Shapes über die Entfernungstaste als eine im Vergleich zum Ausführen der Methode `shape.delete` unterschiedliche Ereignisquelle gewertet wird. Es ist weiterhin zu beachten, dass jedes Löschen eines Modellelements wiederum ein

Shape_Deleted Ereignis auslöst und dadurch die Performance belastet. Dieses kann entweder über die Prüfung der Ereignisquelle abgefangen werden oder dadurch, dass innerhalb der Prozedur zunächst die Ereignisverarbeitung aus und kurz vor Ende wieder angeschalten wird.

4.5.3 Ereignisorientierung beim Hinzufügen von Modellelementen

Die Modellelemente Leistungstransaktion sowie Diskurs- und Umweltobjekt können nur dann auf die Zeichenfläche gelegt werden, wenn die IAS-Zerlegungsstufe1 sichtbar bzw. aktiviert ist. Ist dies nicht der Fall wird ein Hinweis ausgegeben und die Elemente werden wieder gelöscht. Im Fall einer aktiven IAS-Zerlegungsstufe1 soll berücksichtigt werden, dass ein hinzugefügtes Modellelement auch in den nachfolgenden Stufen repräsentiert werden muss. Dies wurde ebenfalls über eine rekursive Funktion realisiert. Hierin wird das hinzugefügte Shape dupliziert und jeweils rechts vom Labelshape einer IAS-Zerlegungsstufe hinzugefügt. Jedes hinzugefügte Element bezieht sich dabei auf sein Quellelement, welches sich eine IAS-Zerlegungsstufe über ihn befindet. Diese Vorgehensweise ist jedoch nicht zu empfehlen. Ein Nutzer, der bereits mehrerer Stufen modelliert hat und dann z.B. eine zusätzliche Leistungstransaktion in der initialen Leistungssicht abbilden möchte, gestaltet seine Geschäftsprozesse so grundlegend um, dass es meist sinnvoller wäre, die Modellierung in der Leistungssicht neu zu beginnen. Diese Feststellung ist Teil weiterer Überlegungen bezüglich der Konsistenz einer IAS-Zerlegungsstufe.

4.5.4 Konsistenzverletzung zwischen IAS-Zerlegungsstufen durch Anwendung von Produktionsregeln

Sind mehrere IAS-Zerlegungsstufen vorhanden, dann geht die Beziehung zwischen Ausgangs- und Zerlegungsprodukt immer dann verloren, wenn eine Produktionsregel nicht auf der letzten IAS-Zerlegungsstufe angewendet wird. Zerlegungsprodukte verweisen von dort genau auf das Element, welches durch die Differenzierung gelöscht wurde. Es müssten also die Referenzen, möglicherweise sehr vieler Zerlegungsprodukte, an übergeordnete Zerlegungsprodukte angepasst werden. Wird z.B. eine Transaktion kopiert, dann zerlegt, und dann auf der darüberliegenden Stufe zweimal zerlegt, ist eine derartige Anpassung nicht einmal theoretisch möglich. Deswegen wurde entschieden, dass nur auf der jeweils letzten IAS-Zerlegungsstufe das Anwenden der Produktionsregeln zugelassen werden soll. Dazu wird vor einer Differenzierung immer geprüft, ob ein höheres Label auf dem Zeichenblatt vorhanden ist. Wenn ja, soll die Differenzierung nicht gestattet und ein entsprechender Hinweis ausgegeben werden.

4.5.5 Ereignisorientierte Prüfung von Verbindungsereignissen

Verbindungsereignisse sind dann zu berücksichtigen, wenn Transaktionen mit Objekten verbunden werden oder eine bestehende Verbindung wieder rückgängig gemacht wird. Es wird innerhalb der Ereignisverarbeitung geprüft, ob eine S- oder K-Transaktion mit einem Umweltobjekt verbunden wird. In diesem Fall soll eine Fehlermeldung aufgeworfen werden. Wird die Pfeilspitze eine Steuertransaktion mit einem Diskursweltobjekt verbunden, so wird dieses als gesteuert markiert. Beim Löschen einer Steuertransaktion wird zunächst geprüft, ob es die letzte, mit seiner Pfeilspitze das Objekt verbindende Steuertransaktion ist. Wenn ja, wird die Markierung des gesteuerten Objektes wieder rückgängig gemacht. Beim Steuern eines Objektes, welches gleichzeitig mit A- oder V-Transaktionen verbunden ist, wird genauso eine Fehlermeldung ausgegeben, wie wenn ein bereits gesteuertes Objekt mit einer A- bzw. V-Transaktion verbunden wird. Im Falle des Einwirkens eines Umweltereignisses auf eine Aufgabe, soll sich die Maske zur Bearbeitung der Aufgaben öffnen. Der Hintergrund dieses Vorgehens besteht darin, dass sich in Anlehnung zum bereits dargestellten Umgang mit Umweltereignissen, die Eigenschaften von Aufgaben und die damit verbundenen Ziele ändern können und dadurch ein Hinweis gegeben werden soll, diese zu überarbeiten bzw. zu überdenken. Das selbe gilt, wenn ein Umweltereignis nicht mehr auf eine Aufgabe einwirkt.

4.5.6 Ereignisorientierte Prüfung auf eindeutige Namen

Die Anforderung, dass jedes Modellelement der Struktursicht einen eindeutigen Namen besitzen sollte, wird wiederum über die Dokumentereignisverarbeitung realisiert. Wird ein Element auf das Zeichenblatt gelegt bzw. kopiert, wäre eine Hinweis bei Namensgleichheit aus Nutzersicht unangemessen. Deshalb soll erst dann, wenn der Benutzer den Text eines Modellelements bearbeitet hat, die Prüfung mit potentiell anschließenden Hinweisen erfolgen. `Document_ShapeExitedTextEdit` lautet dabei die verwendete Dokumentereignisfunktion.

4.6 Das Vorgangsereignisschema

4.6.1 Der Aufbau des VES

Ziel der implementierten Funktionalität ist es, aus einer IAS-Zerlegungsstufe, deren

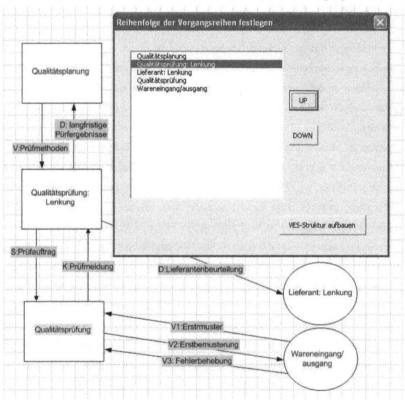

Abbildung 12: Maske zur Sortierung von Vorgangsreihen

Modellelemente auf die Seite IAS1 kopiert wurden, das VES soweit wie möglich aufzubauen (Abbildung 12). Neben dem Aufbau der Vorgangsreihe für jedes Objekt der IAS-Zerlegungsstufe, sollen die Aufgaben aus den implizit vorhandenen Sende- und Empfangsaufgaben des IAS erstellt und innerhalb einer Vorgangsreihe positioniert werden. Es sollte aus Gründen der Übersichtlichkeit das Ziel sein, innerhalb des VES möglichst viele Transaktionsereignisse so anbringen zu können, dass sie Aufgaben benachbarter

Vorgangsreihen verbinden. Deshalb wird im dargestellten Beispiel das Umweltobjekt „Wareneingang/Warenausgang" ganz unten, das Diskursweltobjekt „Qualitätsprüfung" darüber und das Diskursweltobjekt „Qualitätsplanung" ganz oben dargestellt werden. Um dieses Ziel zu erreichen, kann über das Kontextmenü der Seite IAS1 eine Maske aufgerufen werden, welche zunächst innerhalb eines Listbox Controls die Namen der Diskurs- und Umweltobjekte bereitstellt. Die Button namens „Up" und „Down" dienen dazu, die Positionen der einzelnen Werte des Controls nach oben oder unten zu verschieben. So kann die optimale Positionierung eingestellt werden. Im Anschluss daran wird die gewünschte Struktur des VES durch das Drücken des Command-Button Controls „VES-Struktur aufbauen" erstellt. Den Texten der Aufgaben wird zusätzlich noch das Zeichen „>" zum Darstellen einer Sende bzw. Empfangsaufgabe hinzugefügt. Bei einer Sendeaufgabe wird das Zeichen dem String zur Darstellung des Shapetextes am Ende, bei einer Empfangsaufgabe diesem am Anfang hinzugefügt.

4.6.2 Automatisches Hinzufügen und Benennen von Transaktionsereignissen

Über eine Funktion namens „Transaktionen hinzufügen", die aus dem Kontextmenu der Seite VES aufgerufen wird, werden zunächst zusammengehörige Aufgaben entlang der X-Achse positioniert. Dies kann zunächst den Seiteneffekt haben, dass sich Aufgabenpaare überlappen, weshalb zu deren X-Koordinaten jeweils ein Zufallswert zwischen -2 und 2 hinzuaddiert wurde. Anschließend werden diese Aufgabenpaare automatisch durch Transaktionsereignisse verbunden. Diesen Ereignissen werden daraufhin die Namen der Aufgaben zugewiesen. Das Zeichen „>" wird dabei nicht mitübernommen. Diese Aufgaben können, wie in Form eines „Schiebereglers", entlang ihrer X-Achse verschoben werden. Die Verbindungen zwischen Aufgaben und Transaktionsereignissen bleiben dabei stets erhalten.

4.6.3 Diskussion der Automatisierbarkeit der Ablaufsicht

Der Aufbau der Reihenfolgebeziehung der Aufgaben in der Verhaltenssicht wurde als nicht automatisierbar eingestuft. Folgendes Beispiel des VES (aus Darstellungsgründen ohne Vorgangsreihen) verdeutlicht diese Überlegungen.

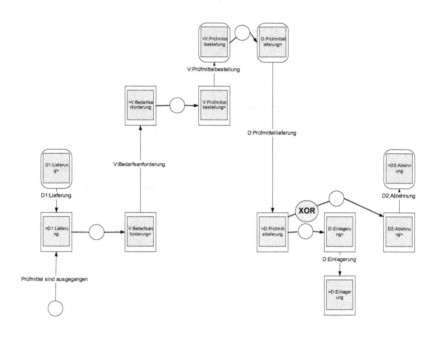

Abbildung 13: Beispiel eines VES

Es wird darin ein Serviceprozess in Form einer Wareneingangsprüfung der Güter eines Lieferanten beschrieben, der durch den Serviceprozess Prüfmittelbeschaffung ergänzt wird. Das Umweltereignis „Prüfmittel sind ausgegangen" symbolisiert z.b. den Ausfall eines Messgerätes und damit eine Störgröße. Das Beispiel verdeutlicht, dass hier der Ablauf durch das Umweltereignis entscheidend beeinflusst wurde, da eine Prüfmittelbeschaffung zeitlich gewöhnlich vor der Prüfung stattfindet. Die dadurch eingeleitete Prüfmittelbeschaffung stellt aus Sicht der Wareneingangsprüfung eine Verzögerung dar. Die anschließende Prüfung kann zu genau einem von zwei möglichen Nachzuständen führen und bildet damit eine Ablaufvariante. „Ablaufvarianten ergeben sich dadurch, [dass] innerhalb eines Vorgangs-Ereignis-Schemas in unterschiedliche Teilstränge verzweigt werden kann, die entweder adjunktiv (or) oder disjunktiv (xor) ausgeführt werden können. Sie können durch die Spezifikation von Vor- und Nachbedingungen entsprechender Aufgaben beschrieben werden" [Rau96,167].

Hinsichtlich der aufgeworfenen Kritik bezüglich der Unübersichtlichkeit des VES wäre es zusätzlich zu überlegen, ob man die dargestellten Benennungen der Aufgaben durch Sende- bzw. Empfangssymbole ersetzt, wodurch das Modell deutlich verkleinert werden könnte.

4.6.4 Die Behandlung von Aufgaben und Zielen

Zur Beschreibung der Aufgaben des VES wurden Masken entworfen (Abbildung 14), auf denen die Aufgabenart, der Automatisiertheitsgrad sowie die Automatisierbarkeit einer

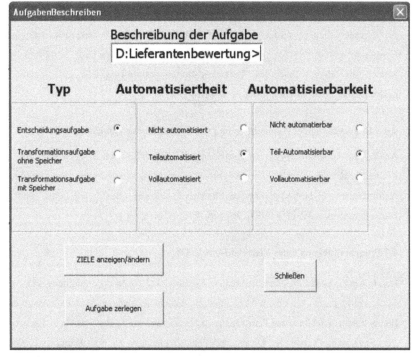

Abbildung 14: Maske zum Beschreiben einer Aufgabe

Aufgabe eingetragen werden kann. Die dargestellte Maske kann über das Kontextmenü einer Aufgabe aufgerufen werden. Der Name der zu beschreibenden Aufgabe wird automatisch unter das Label Control „Beschreibung der Aufgabe" der Eingangsmaske eingefügt. Über das Command-Button Control „Aufgabe zerlegen" öffnet sich eine weitere Maske zur Aufgabendetaillierung. Hier kann genauer angegeben werden, welcher Teil einer Aufgabe automatisierbar ist und welcher nicht. Realisiert wird diese Funktionalität über Zellen der User-Defined Cells Section. Nach Verlassen der Aufgabendetaillierungsmaske wird der Inhalt der Text Controls in diese Zellen geschrieben, um bei einem späteren Öffnen der Maske wieder ausgelesen werden zu können. Alternativ wurde diese Funktion mit Hilfe einer Access-Datenbank realisiert. Dabei setzt sich der Primärschlüssel der Tabelle aus der ID und dem Text des Shapes zusammen. Dazu wurde eine Klasse erstellt, in der innerhalb der Let-Properties schreibend und innerhalb der Set-Properties lesend auf eine Datenbanktabelle zugegriffen wurde. Hält man sich konsequent daran, eindeutige Namen für die Modellelemente des IAS zu vergeben, könnte man, indem nur der Text der Aufgabe für den Primärschlüssel verwendet wird, die Inhalte der Aufgabendetaillierungsmaske persistent machen, auch hinsichtlich möglicher Neuinitialisierungen des VES. Die mit einer Aufgabe verbundenen Sach- und Formalziele können in einer, über das Command-Button Control „Ziele anzeigen/ändern" aufzurufenden Maske definiert bzw. geändert werden.

4.6.5 Beschreibung der Automatisierung von Transaktionsereignissen

Analog zur Automatisierung von Aufgaben soll es im VES auch möglich sein, über das Kontextmenü eines Transaktionsereignisses eine Maske aufzurufen, mit der dessen Automatisierung bestimmt werden kann. Es wurde dafür auf eine ähnliche Darstellungsweise wie in [FeSi98,196] zurückgegriffen.

4.7 Programmierung eines Visio Add-ons in C#

Das folgende, in der Programmiersprache C# entwickelte Add-on (Abbildung 15), bildet das Verhältnis zwischen einem Ausgangs- und dessen Zerlegungsprodukten in Form einer Baumstruktur ab. Um diese Darstellung zu realisieren, wurde die TreeView–Klasse des .Net Frameworks verwendet. Diese ermöglicht, vergleichbar mit dem Windows Explorer, eine hierarchische Darstellung von Elementen (vgl.[Bell01,376]). Zur Realisierung dieser Funktionalität wurde eine VBA-Funktion programmiert, die zunächst die Zerlegung eines Ausgangselements und seiner Zerlegungsprodukte in Zellen des ShapeSheets der Seite IAS nachbildet. Diese Zellen werden anschließend von dem, innerhalb der VBA-Funktion aufgerufenen Add-on ausgelesen und zum Aufbau dieser Baumdarstellung verwendet.

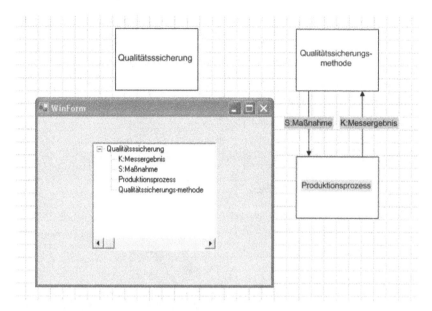

Abbildung 15: Maske zur Darstellung von Zerlegungen in Form einer Baumstruktur

In einer solchen Darstellung könnte, wie in [FeSi98,194] dargestellt, die Unterscheidung zwischen Spezialisierung und sequentieller bzw. paralleler Zerlegung von Objekten und Transaktionen zusätzlich visualisiert werden. Dieses Ergebnis ist kein Kernelement der erstellten Visio-Lösung, da einerseits das .Net Framework auf dem Zielrechner installiert sein muss und andererseits mit dieser Methode nur eine einstufige Zerlegung abgebildet werden kann. Ziel war es, in Anlehnung an die in Kapitel 3 beschriebene Interoperabilität, eine sinnvolle Integrationsmöglichkeit von Visio und dem .Net Framework darzustellen.

4.8 Überlegungen zu den einzelnen Seiten der Visio-Lösung

Die Seite IAS dient zur Beschreibung der initialen Leistungssicht sowie aller weiterer Verfeinerungen der Interaktionssicht. Um alle IAS-Zerlegungsstufen auf der Seite IAS modellieren zu können, bietet Visio die Möglichkeit einer nahezu beliebig einstellbaren Seitengröße an. Zusätzlich kann über das Kontextmenü der Seite eine Maske aufgerufen werden, auf der einige Hilfestellungen für den Benutzer zusammengefasst sind. Eine - in der Regel die letzte - IAS-Zerlegungsstufe muss vom Modellierer auf die Seite IAS1 kopiert werden. Grund hierfür ist, dass dort auf das Interaktionsschema eine Funktion angewendet wird, welche die Verhaltenssicht initiiert, die anschließend auf der Seite VES dargestellt wird. Beim Drucken der Modelle wird die Möglichkeit angeboten, den Seiteninhalt auf eine zu definierende Anzahl von Blättern zu verteilen. Wählt man z.b. zwei Seiten für die Höhe und zwei Seiten für die Breite, so wird die zu druckende Zeichnung gleichmäßig auf vier Seiten aufgeteilt.

4.9 Bewertung der Visio-Lösung hinsichtlich der erzielten Ergebnisse

1. Umsetzung der Produktionsregeln

Die Umsetzung der Produktionsregeln konnte mit der erstellten Lösung vollständig realisiert werden. Der Aufruf der Funktionen aus dem Kontextmenü und die Auswahl der Elemente innerhalb der Masken erscheint zudem als benutzerfreundlich.

2. Verwaltung von IAS- Zerlegungsstufen

Das Layer-Konzept ist sehr gut dazu geeignet, einzelne oder die Beziehung zwischen Zerlegungsstufen des Interaktionsschemas darzustellen. Durch die dazugehörige Labelung kann der Modellierer jederzeit, die von ihm gewünschte Stufe per Doppelklick auswählen.

3. Konsistenzsicherung durch Ereignisprogrammierung

Die ereignisorientierte Programmierung hat den großen Vorteil, dass der Nutzer bereits während einer Aktion auf potentielle Fehler aufmerksam gemacht werden kann. Die Verarbeitung von Dokumentereignissen kann dabei als sehr zuverlässig erachtet werden. Es wäre wünschenswert, wenn auch Ereignisse wie v.a. Connections-Added oder Connections-Deleted als Dokumentereignisse dargestellt werden könnten. Der Nachteil der Programmierung von Klassen und der Instantiierung von Objekten dieser Klassen bestand darin, dass diese Objekte nach Fehlermeldungen oder aus Performancegründen nicht mehr vorhanden waren und deshalb, für den Nutzer unsichtbar, ständig neu erstellt werden müssen. Es wurden beide in Kapitel 3.5 vorgestellten Varianten zur Verarbeitung von Verbindungsereignissen implementiert und getestet, wobei sich die AddAdvice- im Vergleich zur WithEvents-Methode als zuverlässiger herausgestellt hat und deshalb für diese Lösung übernommen wurde.

4. Aufbau der VES

Durch diese Funktionalität kann dem Benutzer ein sehr großer Arbeitsaufwand abgenommen werden. Der Nutzer muss sich nur noch mit den Ablauf an sich auseinandersetzen. Bis auf objektinterne- und Umweltereignisse können die restlichen Modellelemente automatisch auf der Zeichenfläche angebracht werden.

4.9.1 Schwachstellen in der Visio-Lösung

Beim Kopieren einer IAS-Zerlegungsstufe trat ein Fehler auf, der Visio selbst zuzurechnen ist. Wenn die Shapes Namen wie z.B. `Transaktion.7` besaßen, führte das des öfteren zur Fehlermeldung „Bad ShapeSheet Name". So mussten die Namen in den Mastern fast aller Shapes in die Struktur Sheet.ID also z.B. `Sheet.7` umbenannt werden. Ein Fehler, der nicht auftreten darf, da Visio für einen Shape-Namen einen beliebigen String und eine eindeutige ID vorsieht (vgl.[Lel02,21]). Weiterhin ist die bereits erwähnte Fehlermeldung „Requested Operation is presently disabled" zu nennen, die v.a. die Grenzen einer Visio-Lösung bezüglich der Performance deutlich macht. Diese Performanceprobleme äußerten sich auch in dem angesprochenen Problem, dass die ID eines erzeugten Shapes teilweise zu spät generiert wird, so dass Funktionen umprogrammiert werden mussten, um daraus entstehende Fehler zu vermeiden. Aus diesen genannten Gründen wurde das Automatisierungspotential der Visio-Lösung an einigen Stellen nicht vollständig ausgeschöpft.

4.9.2 Möglichkeiten zur Weiterentwicklung der Visio-Lösung

Visio scheint hervorragend dazu geeignet, dem Modellierer beim Aufbau von Patternbibliotheken oder Referenzmodellen zu unterstützen, wodurch die Produktivität und Qualität der Modellerstellung stark erhöht werden kann. Patterns dienen dazu, existierendes und erprobtes Modellierungswissen einheitlich zu dokumentieren und Anwendern zur Verfügung zu stellen. Durch ihre Verwendung kann die Konstruktion eines Modellsystems transparenter gestaltet werden (vgl.[Rau96,50]). Es wird „nicht nur die Wiederverwendung, sondern auch die Änderung und Erweiterung des Modellsystems wesentlich vereinfacht" [Rau96,50]. Ein Referenzmodell wird von [Ham99,108] als „ein Modell verstanden, das bei der Entwicklung anderer Modelle als Vorlage herangezogen werden kann". Durch Anwendung der Produktionsregeln werden zunächst diese Modelle erstellt, in Stencils abgelegt und dann über das beschriebene Maskenkonzept wiederum zur

Verfügung gestellt. Möchte der Modellierer nur Teile von Referenzmodellen oder Patterns wiederverwenden, unterstützt die Maskenlösung deren Konsistenz, indem wie z.b. in der Maske für die Objektzerlegung gezeigt, nur gültige Kombinationen innerhalb der Maske ausgewählt werden können. Die dargestellte A-V-D-Objektzerlegung kann dabei als die einfachste Form eines Patterns angesehen werden. Die Ergebnisse der erstellten Visio-Lösung können auch für die dritte Modellebene des SOM verwendet werden. So kann aus den Leistungstransaktionen sowie den Objekten der letzten modellierten IAS-Zerlegungsstufe die Grundstruktur des KOS aufgebaut werden. Die Dokumentation des Automatisierungsgrades von Aufgaben und Transaktionen kann dem Modellierer bei der Konsolidierung des KOS unterstützen. Das Maskenkonzept kann im KOS z.B. zu „IS-A" oder „IS-Part Of" Zerlegungen von Objekttypen verwendet werden (vgl.[FeSi91,19f] und [FeSi98,200f]).

Das Ende dieses Kapitels bildet den Abschluss der ersten Themenstellung dieser Diplomarbeit. Wie in der Einleitung ausgeführt, wurde die zweite, im Folgenden behandelte Themenstellung, zunächst unabhängig von der Ersten bearbeitet.

5 Ziele einer mikropolitischen Analyse des Qualitätsmanagements

Das Konzept des Total Quality Managements hat in den letzten Jahren zu einer Ausdifferenzierung des Qualitätsbegriffes geführt, und „macht dabei eine Vernetzung von Wissenschaftsdisziplinen notwendig, die traditionell eher isoliert voneinander tätig waren" [Bod92,20], etwa von Betriebswirtschaftslehre, Ingenieurwissenschaften, Ökologie oder den Sozialwissenschaften (vgl.[Bod92,20]). Während gegenwärtig kaum sozialwissenschaftliche Beiträge bezüglich dieser Thematik zu finden sind, soll es Ziel dieser Themenstellung sein, TQM aus einer mikropolitischen Perspektive zu untersuchen. Durch die Begrifflichkeiten und Konzepte dieses Ansatzes sollen andere, als herkömmliche Sichtweisen und Antworten auf Prozesse und Probleme des Qualitätsmanagements gefunden und aufgedeckt werden. Für eine derartige Betrachtung sollen in Kapitel 6 die Grundlagen des Qualitätsmanagements und in Kapitel 7 der mikropolitische Ansatz erläutert werden. Zunächst werden die mit dieser Analyse verbundenen Ziele dargestellt.

5.1 Erreichung einer realistischeren Betrachtungsweise

„Für die Paradoxie, dass kontinuierliche Verbesserungsprozesse häufig nur kurzfristige Effekte bringen, dass Kampagnen des TQM nur in Einzelbereichen [...] Nutzen erzielen oder dass Mitarbeiter häufig" [Kühl01,79] ablehnend auf erweiterte Mitsprachemöglichkeiten reagieren, hat ein „zweckrational ausgerichtetes Qualitätsmanagement nur einen beliebig variierbaren Erklärungsansatz parat: Schlecht realisiert" [Kühl01,79]. Die Verbesserungsvorschläge seien zu schleppend umgesetzt, die Qualitätsmaßnahmen unter dem Druck des Alltagsgeschäftes zu wenig beachtet, der Bottom-up-Prozess vom Management zu wenig akzeptiert und die Mitarbeiter zu wenig integriert worden. „Sie suggerieren jedoch, dass die im Qualitätsmanagement auftretenden Paradoxien, Widersprüchlichkeiten und Dilemmata aus der Welt zu räumen wären" [Kühl01,79], könnten die Umsetzungsprobleme realisiert werden Der mikropolitische Ansatz beansprucht aufgrund seines im Vergleich zu diesen Ansätzen unterschiedlichen Rationalitätsverständnisses, die Realität einer Organisation besser zu erfassen. Organisationen dürfen nicht nur unter zweckrationalen Gesichtspunkten beleuchtet werden, wenn man sie in ihrer Komplexität verstehen will. Folgende Aufstellung verdeutlicht die

unterschiedlichen Rationalitätsauffassungen betriebswirtschaftlicher- und des (mikro)-
politischen Ansatzes.

Rational analytisches Rationalitätskonzept	Politisches Rationalitätskonzept
Organisationen werden als monolithische Aktionseinheiten betrachtet	Es existiert eine heterogene Gruppe von Entscheidungsträgern
Bezüglich spezifischer Probleme gibt es jeweils nur eine optimale Lösung, den „one-best-way", der mit rationalen Methoden gefunden werden kann	Es existieren unterschiedliche Lösungen, deren Durchsetzung jeweils von den Machtverhältnissen abhängt. Die Existenz vorgefertigter Lösungen wird in Frage gestellt
Es kann mittels Vernunft erkannt werden, bei welcher Lösung es sich um die nutzenmaximierende handelt. Ent-scheidungen werden von der Existenz objektiver analytischer und somit ver-nünftiger Bewertungskriterien abhängig gemacht	Der Grundsatz der Objektivität organisatorischer Entscheidungen wird aufgrund der subjektiven Beweggründe der Beteiligten in Frage gestellt. Ergebnisse von Entscheidungsprozessen werden nicht nur von zweckrationalen, vernünftigen Ent-scheidungen bestimmt, sondern auch von Machtprozessen und politischen Einfluss-faktoren, die im Grunde sachfremd sind
„normale" rationale Entscheidungslogik: Suche nach Lösungen für bestimmte Problemlagen	Mitunter Umkehrung von Entscheidungs-logik: Suche nach Problemlagen, mit denen sich künftige Lösungen (Interessen-realisierungen) verknüpfen lassen
Entscheider sind auf die Verlässlichkeit von Informationen und „harter" Fakten an-gewiesen, um Alternativen abwägen zu können	Die „weichen" Informationen entsprechen häufig nicht den Erfordernissen der Analyseinstrumente. Zudem entwickeln die Organisationsmitglieder Strategien und Taktiken, die der gezielten Gestaltung von Informationen im eigenen Interesse dienen

Die Phasen der Entscheidungsfindung und die ihrer organisationalen Verwirklichung können getrennt werden	Verschmelzung der Phasen der Entscheidungsfindung und der Verwirklichung in einem fortlaufenden Prozess der Strategieentwicklung
Das Scheitern von Strategien, die auf der Basis rationaler Entscheidungskriterien entwickelt wurden, wird in der Regel mit dem Versagen der Instrumente in der Realisierungsphase begründet	Auch sachfremde Faktoren, wie z.B. die politische Durchsetzbarkeit der Strategie, werden als Ursache eines Scheiterns berücksichtigt. Insbesondere werden Entscheidungen neben der sachbezogenen Aussage auch auf ihren symbolischen Gehalt als Machtdemonstration der dominanten Koalition untersucht

Gegenüberstellung rational-analytischer und des mikropolitischen Ansatzes nach [BoWi97,170]

5.2 Darstellung des Einsatzes von Macht als natürliches Mittel zur Durchsetzung von Interessen

„Die Beschäftigung mit Machtprozessen stellt einen Kern-Bestandteil politischer Ansätze dar" [BoWi97,163]. Ein wichtiger Grund für die Vernachlässigung dieser Perspektive in der Betriebswirtschaftslehre sind die abschätzigen Assoziationen, mit denen der Begriff Mikropolitik verbunden ist. Es erfolgt eine Gleichsetzung mit dem negativ besetzten Begriff des „Machiavellismus", durch den Politik nur noch als egoistische Interessendurchsetzung unter Einsatz rücksichtsloser Machtstrategien verstanden wird (vgl.[BoWi97,79]). Verbunden damit sind eine geringe Bindung an konventionelle Moralvorstellungen, eine utilitaristische Betrachtung von Normverstößen und eine Orientierung an kurzfristigen Zielen statt an langfristigen Idealen. Der Kernaspekt der politischen Perspektive ist jedoch die „Durchsetzung individueller Interessen im Spannungsfeld von Individuum und Organisation" [BoWi97,82]. Neuberger betont den Aspekt der Selbstverleugnung, der Öffentlichkeitsscheu und des Verbergens der Mikropolitik, die er als „das Arsenal jener alltäglichen und kleinen Mikrotaktiken [bezeichnet], mit denen Macht aufgebaut und eingesetzt wird, um den eigenen Handlungsspielraum zu erweitern und sich fremder Kontrolle zu entziehen" [Neub90,89].

Der Einsatz von Macht zur Realisierung von Eigeninteressen gilt in dieser Perspektive als etwas natürliches. Sie ist eine Eigenschaft sozialer Beziehungen und hat ganz allgemein ihren Ursprung in der Abhängigkeit eines Akteurs von einem Anderen (vgl.[Sco86,367]). Mit Hilfe des mikropolitischen Ansatzes kann der Einsatz von Macht in allen Bereichen des Qualitätsmanagements aufgedeckt werden.

5.3 Ziele bezüglich des Qualitätsmanagements

5.3.1 Die Analyse der Formalisierungsprozesse in einer Organisation durch das Qualitätsmanagement

Herkömmliches Ziel eines Unternehmens bezüglich seiner Qualitätssicherung ist die Erfüllung der ISO 9000 Norm, die einer standardisierten Qualitätssicherung entspricht. Es wird dargestellt werden, dass diese Art von Qualitätssicherung zu einem hohen Maß an Formalisierung und Bürokratie führt, da sämtliche Tätigkeiten in einem Qualitätshandbuch dargelegt werden müssen. TQM sieht sich als Erweiterung dieses herkömmlichen Qualitätsmanagements. Mit Hilfe des mikropolitischen Ansatzes können die Ziele und Vorteile dieser Erweiterung besser begründet werden. Es kann weiterhin dargelegt werden, warum sich Akteure in einer Organisation gegen diese Formalisierungsprozesse wehren.

5.3.2 Analyse der Beziehungen funktionaler Gruppen einer Organisation

Sowohl die Erweiterung der ISO 9000 Norm um eine stärkere Kunden- und Prozessorientierung, als auch TQM in seiner Gesamtheit implizieren eine stärkere Zusammenarbeit der funktionalen Gruppen Marketing und Qualitätssicherung. Durch diesen Ansatz kann die Interaktion dieser Bereiche aus einer Perspektive dargestellt werden, welche besonders die Interessen der beteiligten Gruppen berücksichtigt.

5.3.3 Analyse der Kommunikation des Unternehmens mit seiner Umwelt beim Prozess der Zertifizierung

Für viele Unternehmen stellt die Zertifizierung bezüglich der ISO 9000 Norm eine kostspielige, aber notwendige Voraussetzung dar, um im Wettbewerb um Aufträge bestehen zu können. Auch hier liefert der mikropolitische Ansatz durch seine begrifflichen

Instrumente die Möglichkeit, den Prozess der Zertifizierung und v.a. die daran beteiligten Akteure aus einer differenzierteren Perspektive zu betrachten.

5.3.4 Analyse der Ziele des Managements bezüglich TQM

Das Management erkennt in der herkömmlichen Literatur bezüglich TQM die Notwendigkeit an, seine Mitarbeiter zu fördern und ihnen Aufgaben zuzuweisen, welche diese fordern aber auch motivieren sollen. Mit Hilfe des mikropolitischen Ansatzes lässt sich besser begründen, warum die Leitung einer Organisation diesen Weg einschlägt, um das unveränderte Ziel der größtmöglichen Qualitätssicherung und damit das Metaziel der Gewinnmaximierung des Unternehmens zu erreichen.

6 Kennzeichen von Total Quality Management

Folgendes Kapitel hat das Ziel, dem Leser zu vermitteln, wie eine Arbeitswelt aussehen sollte, um das Ziel eines perfekten Qualitätsmanagements zu erreichen. Dazu werden zunächst die Kerngedanken dieses Ansatzes dargestellt. Im Anschluss daran werden wichtige Grundbegriffe des Qualitätsmanagements erläutert, welche für das Verständnis einer mikropolitischen Analyse im Kapitel 7 unabdingbar sind. [Bod92,7f] definiert u.a. folgende Merkmale des TQM-Ansatzes:

1. Qualität ist die Erfüllung aller Kundenanforderungen: Der traditionelle technisch-produktorientierte Qualitätsbegriff erweitert sich damit auf sämtliche Aktivitäten, die ein Kunde wahrnimmt, so auf Angebote, Bestellungen, Auftragsabwicklung, Aufrechterhaltung der Geschäftsbeziehungen, Kundendienste usw.

2. Kunden sind einmal Lieferanten, Abnehmer, Dienstleister (externer Kundenbegriff), gleichzeitig ist aber jeder Mitarbeiter im Wertschöpfungsprozess des Unternehmens Kunde des Vorhergehenden und Lieferant des nachfolgenden Prozessschrittes. Die Organisation selbst ist als ein Netzwerk von Kunden-Lieferanten-Beziehungen aufzufassen, für das gleichermaßen der Grundsatz der Erfüllung von Kundenanforderungen als Maßstab der Qualität gilt (interner Kundenbegriff).

3. Die Fehlervermeidung (Null-Fehler-Konzept) gilt als oberstes Ziel der Qualitätssicherung. Auch daraus folgt, dass die Qualitätssteuerung unmittelbar an den Stellen möglicher Fehlerentstehung ansetzen muss, gleichgültig, ob diese in Verwaltung oder Produktion angesiedelt sind.

4. TQM ist ein Top-Down-Prozess, der von der Unternehmensleitung gemanagt und durchgesetzt wird. Nur als integraler Bestandteil der Führungsphilosophie, lässt sich das Konzept systematisch realisieren.

5. Verbesserungsprojekte werden anschließend durch funktionale Teams (z.B. durch Mitarbeiter der Abteilungen Marktforschung und Qualitätssicherung) fortentwickelt, durchgeführt und dokumentiert.

6. TQM ersetzt Fremdkontrolle weitestgehend durch Selbstkontrolle, stärkt also die Eigenverantwortlichkeit der Organisationsmitglieder.

7. TQM ist damit in erster Linie auch ein Motivationskonzept, das sich gegen Hierarchisierungen, Fremdkontrollen und Formalisierungen richtet, und so den Handlungsspielraum und die Verantwortung des Einzelnen erweitern soll. Folgerichtig sind intensive Information und Kommunikation, Schulungen und Fortbildung zentrale Bestandteile des Konzeptes.

Folgende Darstellung verdeutlicht die genannten Punkte und zeigt insbesondere das wichtige Verhältnis zwischen der ISO 9000 Norm und dem gesamten TQM-Ansatz.

Management-Verpflichtung		
Vorbild Qualitätspolitik Führen mit Zielen Aus- und Weiterbildung		
Ständige Verbesserungen als Aufgabe aller Mitglieder		
QM-System	TQM-Bausteine	QM-Werkzeuge

Festgelegte Aufbau-
und Ablauforganisation
auf Grundlage der ISO-
9000 Reihe
	-Kontinuierliche Verbesserungen
	  mit Meßgrößen
	-Interne Kunden- Lieferanten-
	  Beziehungen
	-Null Fehler Programme
	-Einbeziehung aller Mitarbeiter
	-Arbeiten in Prozessen
		FMEA

Abbildung 16: Das TQM-Gebäude in Anlehnung an [Fre93,11]

6.1 Die ISO 9000 Norm

Um die Einführung eines Qualitätsmanagementsystems zu unterstützen, entwickelte die International Organisation for Standardization (ISO) die branchen- und produktneutrale Normenreihe ISO 9000 (Abbildung 17), die 1987 erschien. Innerhalb dieser Normenfamilie bildet die ISO 9000 mit den Teilen 1-5 einen allgemeinen Leitfaden zur Auswahl, Benutzung und Anwendung des gesamten Regelwerks. „Die ISO 9001, ISO 9002 und ISO 9003 dienen der Zertifizierung von Qualitätsmanagementsystemen, wobei die ISO 9001 die umfassendsten Anforderungen an Unternehmen stellt. Der Normenbaustein ISO 9004 dient der reinen Hilfestellung und enthält unterschiedliche Leitfäden" [Fel+97,15].

ISO	Inhalt/Titel
9000(,94 Teil 1)	Normen zum Qualitätsmanagement und zur Qualitätssicherung / QM-Darlegung - Leitfaden zur Auswahl und Anwendung
9001(,94)	Qualitätsmanagementsysteme - Modell zur Qualitätssicherung / QM-Darlegung in Design/Entwicklung, Produktion, Montage und Wartung
9002(,94)	Qualitätsmanagementsysteme - Modell zur Qualitätssicherung / QM-Darlegung in Produktion, Montage und Wartung
9003(,94)	Qualitätsmanagementsysteme - Modell zur Qualitätssicherung / QM-Darlegung bei der Endprüfung
9004(,94 Teil 1)	Qualitätsmanagement- und Elemente eines Qualitätsmanagementsystems - Leitfaden

Abbildung 17: Die ISO 9000 Normenreihe in Anlehnung an [Fel+97,15]

6.2 Das Qualitätshandbuch zur Darlegung der ISO 9000 Norm

Im Folgenden sollen die Ziele eines Qualitätshandbuchs beschrieben werden: Dessen Aufgaben sind die Erhöhung der Darstellungstransparenz der gesamten Ablauf- und Aufbauorganisation des Unternehmens. Hierzu gehören z.b. die nachvollziehbare Beschreibung der Unternehmensprozesse sowie der Unternehmensorganisation, die Festlegung der Ressourcenverteilung und der Qualifikation des Personals. In ihm erfolgt weiterhin eine klare Zuweisung der Zuständigkeiten (vgl.[Har00,71]). Diese Zuständigkeiten werden hierarchisch beginnend mit der Gesamtverantwortung über Zuständigkeiten für Prozesse (Prozesseigner) bis zur Verantwortung für die Prozessnutzung definiert (vgl.[Har00,72] und [Pfei01,98]). Die Erhöhung der Prozess-sicherheit bzw. Prozessfähigkeit erfolgt durch eine umfassende Analyse zur Aufdeckung von systembezogenen Schwachstellen und zur Ermittlung der damit verbundenen

Auswirkungen. Diese Analyse soll die Grundlage bilden für eine geeignete Maßnahmenformulierung. „Weitere Ziele sind die Erhöhung des Qualitätsbewusstseins durch die Einbeziehung aller Mitarbeiter" [Har00,72]. Das Management wird dazu aufgefordert, darin seine Gesamt- und Teilziele bezüglich der Qualitätssicherung zu definieren, die seinen Unterstellten jederzeit zugänglich sein müssen. Weiterhin dient es zur Erbringung des Nachweises für die Produkt bzw. Produzentenhaftung sowie zur Senkung der Personalabhängigkeit durch die weitgehende Erhaltung des Know-Hows bei Personalwechsel. Eine seiner wichtigsten Funktion besteht darin, als Nachweis gegenüber Kunden und Zertifizierungsstellen zu dienen (vgl.[Har00,68]). Das Qualitätshandbuch ist „das Sprachrohr der Geschäftsleitung [..], durch welches den Führungskräften und den Mitarbeitern die Vorstellungen der Geschäftsleitung zur Qualitätspolitik vermittelt werden" [Har00,68]. Für die weitere Betrachtung stellt es ein wichtiges Spielmaterial dar.

6.3 Die Qualitätstechnik FMEA

Die Fehlermöglichkeits- und Einfluss-Analyse (FMEA) ist eine formalisierte, analytische und präventive Methode mit dem Ziel, mögliche Fehler in der Produktion oder in Prozessen schon vor ihrem Auftreten vollständig zu erkennen und sie durch geeignete Maßnahmen von vornherein zu verhindern (vgl.[Sta97,14]). Eine derartige Qualitätstechnik wird allgemein als die „Anwendung wissenschaftlicher und technischer Kenntnisse [...] für die Qualitätssicherung beschrieben" [Sta97,15]. In der Vorgehensweise erfolgt im ersten Schritt eine Analyse des Untersuchungsgegenstandes hinsichtlich potentieller Fehler. Eine anschließende Bewertung mit standardisierten Maßzahlen hat das Ziel, die einzelnen Fehler festzustellen und sie entsprechend ihrer Kritizität zu gewichten. Im letzten Schritt erfolgt eine Optimierung mit erneuter Risikobewertung. In dieser Phase sollen die Maßnahmen gefunden werden, durch deren Einsatz die Wahrscheinlichkeit potentieller Fehler am geringsten ist. Die benutzten Hilfsmittel sind standardisiert, um eine möglichst systematische Bearbeitung des Untersuchungsgegenstandes zu ermöglichen. Jedoch stellt die Optimierungsphase, also die Suche nach Maßnahmen zur Vermeidung potentieller Fehler, einen Prozess dar, in dem die Kreativität eine starke Rolle einnimmt. Die detaillierte Dokumentation dieser drei Schritte erfolgt in einem genormten FMEA-Formblatt (vgl.[Sta97,19ff]).

6.4 Die Zertifizierung

6.4.1 Ziele einer Zertifizierung

Drösser [Drö97,279] hat nach Auswertung mehrerer ingenieurwissenschaftlicher und betriebswirtschaftlicher Fachzeitschriften folgende Zielsetzungen einer Zertifizierung zusammengestellt:

Interne Zielsetzungen: - Erhöhung der Mitarbeitermotivation

                             - Erschließung von Rationalisierungspotentialen

Externe Zielsetzungen: - Herstellung von Glaubwürdigkeit und Vertrauen

                             - Einführung kundenorientierter Organisationsstrukturen

                             - Erzielung von Rechtssicherheit

                             - Vereinfachung von Genehmigungsverfahren

                             - Nachweis gegenüber Marktteilnehmern, die eine Zertifizierung zur Auflage machen

6.4.2 Der Ablauf einer Zertifizierung

In der Vorbereitungsphase enthält das Untenehmen von der Zertifizierungsstelle einen Fragebogen, in dem geprüft wird, ob dessen Qualitätsmanagementsystem grundsätzlich Chancen hat, ein Zertifikat zu erhalten (vgl.[Anto01,143]). Dieser wird an die Zertifizierungsstelle zurückgeschickt, welche diesen anschließend auswertet. Der dabei erstellte Bericht beendet den ersten Abschnitt der Zertifizierung. Dieser Abschnitt dient dem Auditor zum Kennenlernen des Qualitätssystems. Optional kann zu diesem Zeitpunkt ein Voraudit durchgeführt werden. Dieses Orientierungsgespräch dient zur Klärung offener Fragen und zur Beseitigung erster grober Schwachstellen. Es ermöglicht dem Unternehmen eine bessere Vorbereitung auf die Zertifizierung (vgl.[Pfei01,112]). Im zweiten Schritt wird das Qualitätshandbuch dem vom Zertifizierer genannten Auditleiter übergeben. Nach Führung eines Vorgespräches wird zwischen den Partnern ein konkreter Auditplan aufgestellt. Die Aufstellung eines solchen Planes erfolgt entweder in der Organisation oder der Zertifizierungsstelle (vgl.[Beck01,92]). Im dritten Schritt wird das eigentliche Zertifizierungsaudit anhand einer Fragenliste durchgeführt. Dieses Audit beginnt mit Gesprächen zwischen dem Auditteam und der Unternehmensleitung. Anschließend wird bei den betroffenen Personen geprüft, inwieweit ihnen das vorhandene Qualitäts-managementsystem bekannt ist und wie sie es verwenden. Die Ergebnisse der einzelnen Punkte werden bezüglich Korrektheit oder aber Abweichungen vom Soll protokolliert. Bei verfehlter Normerfüllung handelt es sich um Hauptabweichungen, bei fehlerhafter Dokumentation um Nebenabweichungen, die nicht den Erfolg der Zertifizierung an sich gefährden, sondern schriftlich im Qualitätshandbuch nachgebessert werden müssen (vgl.[Beck01,98]). Bei erfolgreicher Prüfung wird das Zertifikat für drei Jahre ausgestellt, welches zur Bedingung hat, dass einmal pro Jahr ein Überwachungsaudit und zusätzliche interne Audits durchgeführt werden (vgl.[Anto01,144]). Werden bei diesen Kontrollen Mängel bzw. Abweichungen vom Soll festgestellt, so muss die Zertifzierungsstelle das Zertifikat entziehen und diesen Entzug in einer, den Zertifizierungsstellen zugänglichen Liste aufführen (vgl.[Beck01,98]).

Nachdem nun wichtige Begriffe des Qualitätsmanagements erläutert wurden, sollen im Folgenden Kapitel die Grundlagen des mikropolitischen Ansatzes vorgestellt werden.

7 Mikropolitik

7.1 Crozier/Friedberg als Auslöser einer mikropolitischen Wende

Grundlage für eine Beschreibung des Themas Mikropolitik ist das 1977 verfasste Buch „L'acteur et le système" (Macht und Organisation) der Autoren Crozier/Friedberg. Ursprünglich wurde dieser Ansatz aus der Soziologie von Staat und Verwaltung abgeleitet und auf die Fragen der Autonomie gegenüber gesellschaftlichen Interessen und der Autonomie der zuständigen Akteure gegenüber ihrer politischen Führung ausgerichtet. In ihrer Studie analysieren sie organisatorische Prozesse und Strukturen als Ergebnis von Macht- und Austauschbeziehungen (vgl.[Hei96]).

7.2 Die politische Perspektive

Wenn der einzelne Akteur im organisationalen Kontext und seine Beziehung zum System von Interesse sind, so nähert man sich einer Forschungsperspektive, die von Autoren wie Neuberger, Ortmann oder von Crozier/Friedberg als „Mikropolitik" bezeichnet wird. Alle

Konzepte, die sich damit befassen, nehmen als Ausgangspunkt den Eigensinn der Subjekte und fragen, was geschieht, wenn mehrere Akteure in Organisationen kooperieren sollen oder müssen. Burns definiert die mikropolitische Perspektive dabei folgendermaßen: „Cooperations are cooperative systems assembled out of the usable attributes of people. They are also social systems within which people compete for advancement; in so doing they make use of others. Behavior is identified as political when others are made use of as resources in competitive situations. Material, or extrahuman, ressources are also socially organized. Additional resources, resulting from innovation or new types of personal commitment, alter the prevailing equilibrium and either instigate or release political action. Such action is a mechanism of social change" [Bur61,257].

7.3 Macht in der mikropolitischen Perspektive

Crozier und Friedberg betonen, dass Macht nicht negativ zu bewerten sei, sondern eine „unausweichliche, nicht aus der Welt zu schaffende Dimension des Werdenden wie des Bestehenden, der Bewegung wie der Stabilität, mit einem Wort des sozialen Handelns überhaupt [ist]" [CrFr79,15]. Sie definieren Macht in allgemeiner Form als die „immer die bestimmten Individuen oder Gruppen verfügbare Möglichkeit, auf andere Gruppen oder Individuen einzuwirken" [CrFr79,39]. In Abgrenzung dazu wird unter Gewalt verstanden, über einen Akteur zu bestimmen, der keine Mittel hat sich zu widersetzen. Diese Unterscheidung verdeutlicht die Hypothese von Crozier/Friedberg, dass „keine Situation einen Akteur völlig unter Zwang stellt" [CrFr79,56]. Für [Mohr00,26] ist Macht nichts anderes als der Rohstoff für tägliche Politik, und die Politik entspricht dem kollektiven Handeln. „Macht ist eine Beziehung und nicht ein Attribut der Akteure" [CrFr79,39]. Sie kommt erst dann zum tragen, wenn zwei oder mehr beteiligte Akteure in Form von Verhandlungen interagieren. Weiterhin ist Macht eine instrumentelle Beziehung. Crozier/Friedberg wollen damit zum Ausdruck bringen, dass sich „Macht, wie jede Verhandlungsbeziehung, nur unter der Perspektive eines Ziels begreifen lässt, das [...] die Mobilisierung von Ressourcen seitens der Akteure motiviert" [CrFr79,40]. Dabei bringt „das motivierte Handeln von Individuen immer ein Maß an unvorhersehbaren, unerwarteten oder ‚dysfunktionalen' Folgen mit sich" [CrFr79,40]. Weiterhin ist Macht für die Autoren eine nicht-transitive Beziehung. Das bedeutet, wenn Person A leicht Person B und Person B leicht Person C zu einer Handlung bewegen kann, wird dadurch nicht automatisch Person A bei Person C ebenfalls eine Handlung auslösen können. Macht ist eine gegenseitige, aber dabei unausgewogene Beziehung. Gegenseitig, weil jede Verhandlungsbeziehung Tausch voraussetzt. Wenn aber eine der beiden beteiligten Parteien keine Ressourcen mehr in eine Beziehung einzubringen hat, wenn also B das tun muss, was A von ihm verlangt, ist zwischen beiden keine Machtbeziehung mehr möglich, denn dann wird B für A zu einer Art Ding und kann nicht mehr als autonome Person agieren (vgl.[CrFr79,39ff]). Organisationen sind dabei eine sehr wichtige Form, in denen solche Machtbeziehungen analysiert werden können. Sie enthalten „festgelegte, formalisierte Rollenbeschreibungen, die auch definieren, wer innerhalb dieses Beziehungsrahmens Gehorsam auf wessen Anweisung leisten muß" [Prät84,93]. Die Autoren bezeichnen mit dem Begriff „Ressource" alle materiellen oder immateriellen Mittel, die der Akteur in einer Situation konstruieren kann, um seine Intentionen trotz des Zwangs von Strukturen, wenngleich nicht völlig unbeschränkt, durchsetzen zu können. Umgekehrt führt die mangelnde Fähigkeit eines Akteurs Ressourcen innerhalb einer Situation konstruieren zu können, zu dessen Abhängigkeiten von anderen Akteuren, wenn diese nützlichere Ressourcen aufbringen können (vgl.[CrFr79,40]).

7.3.1 Die Beherrschung der Unsicherheitsquelle

In Machtbeziehungen wird nicht die Stärke der einzelnen Akteure ausgetauscht, sondern deren Handlungsmöglichkeiten (vgl.[CrFr79,41] und [Frbe88,42]). Die Macht eines sozialen Akteurs kann deshalb als Funktion der Größe seiner Ungewissheitsquellen bezeichnet werden. Diese Funktion muss relevant sein, in Bezug auf das zu behandelnde Problem und hinsichtlich der Interessen der beteiligten Parteien (vgl.[CrFr79,43]). Weil jemand gegenüber anderen eine Machtquelle besitzen und verteidigen möchte, muss er zumindest teilweise ihre Erwartungen erfüllen. Dann werden die Erwartungen seiner Gegenspieler für ihn zum Zwang und er kann nicht umhin, auf diese zu antworten, d.h. sie (wenn auch nur teilweise) zu erfüllen. Seine Macht drückt sich also nicht darin aus, dass er diese dazu bewegen kann, auf die Erwartungen seiner Gegenspieler einzugehen, sondern darin, dass er diese dazu motivieren kann, trotz der schlechten und mangelhaften Erfüllung ihrer Erwartungen, ihre Beziehung zu ihm nicht abzubrechen, sondern fortzusetzen. „In anderen Worten, sein Handlungsspielraum wird eingeengt und seine Machtbeziehungen mit seinen Gegenspielern werden durch implizite ‚Spielregeln' strukturiert, die definieren,

bis wie weit er gehen kann und wie viel schlechte Erwartungserfüllung er sich ‚leisten'
kann, ohne die Beziehung selbst in Gefahr zu bringen" [Frbe88,44]. Er ist deshalb
gezwungen, seine Willkür einzuschränken und seine Verhandlungen mit den anderen zu
strukturieren, mit dem Ziel, die Beziehungen zu anderen Akteuren gerade so
aufrechtzuerhalten, damit jenen die Möglichkeit zum Weiterspielen bewahrt bleibt. Die
Beherrschung von Ungewissheitsquellen gibt den Führungskräften einer Organisation und
auch den Inhabern des Kapitals eine große Macht. Diese äußert sich darin, Strukturen und
Regeln zu schaffen, um die dann gespielt werden kann, um von den Untergebenen das
gewünschte Verhalten zu ereichen (vgl.[CrFr79,54]). Diese Strukturen und Regeln haben
zwei widersprüchliche Aspekte (vgl.[CrFr79,64f]): Einerseits bilden sie Zwänge, die sie zu
gegebener Zeit allen Mitgliedern einer Organisation auferlegen, selbst den Kräften, die sie
geschaffen haben, sind aber andererseits selbst nur Produkt früherer Machtbeziehungen.
Sie sind „eine provisorische und immer kontingente Institutionalisierung der Lösung, die
relativ freie Akteure mit ihren Zwängen und Ressourcen, also mit ihren augenblicklichen
Verhandlungsfähigkeiten, für das schwierige Problem der Kooperation [...] gefunden
haben" [CrFr79,65]. Um die Attraktivität der von ihm kontrollierten Ungewissheitszone zu
sichern, muss eine Führungskraft jedoch von Zeit zu Zeit Kooperationsbereitschaft
beweisen. Jeder Akteur, und sei er noch so mächtig, ist immer auf andere angewiesen.
Nicht zuletzt deshalb, weil diese das Spiel, welches ihm Zugang zu den Machtquellen
verleiht, mitspielen müssen. Die potentielle Unvorhersehbarkeit darf deshalb nicht mit der
tatsächlichen Benutzung verwechselt werden. Wer häufig unvorhersehbar handelt ist
unzuverlässig und wird von (Tausch)Verhandlungen ausgeschlossen (vgl.[CrFr79,65f]).
Die Beherrschung der Unsicherheitsquelle ist nicht nur aus der Sicht eines Akteurs,
sondern auch aus der Sicht einer Organisation relevant. [Frbe95,285f] zeigt am Beispiel
eines Nahrungsmittelherstellers, wie dieser zunächst versucht, sich von der Ungewissheit
bezüglich der Qualität seiner Rohstoffe loszulösen. Dies wird durch die hohe Kompetenz
des Laborleiters erreicht, dem es gelingt, eine vom Rohstoff relativ unabhängige, hohe
Qualität der Endprodukte zu realisieren. Der Einkauf kann daraufhin Druck auf die
Zulieferer ausüben, indem nicht mehr auf die Qualität, sondern auf den Preis geachtet
wird. Dies führt aus Sicht des Unternehmens jedoch dazu, dass die Unvorhersehbarkeit
nun in der Produktion entsteht, die nun die Möglichkeit besitzt, ihre Bedingungen anderen
funktionalen Bereichen und sogar der Geschäftsführung zu diktieren (vgl. [Frbe95,286]).

7.3.2 Typen von Macht in Organisationen

Crozier/Friedberg unterscheiden vier elementare Machtquellen (vgl.[CrFr79,51ff]), die ein Akteur zum Aufbau von Ungewissheitszonen nutzen kann:

1. **Macht aus Expertenwissen:** Diese erlangt ein Akteur, indem er über spezialisiertes Wissen verfügt, welches ihn unersetzbar macht, da nur er bestimmte Probleme lösen kann. In einer Wissensgesellschaft gibt es aufgrund des hohen Bildungsstandes wahrscheinlich sehr wenige Menschen, die mit ihrem Wissen wirklich einmalig sind. Trotzdem sind viele Akteure mächtig, „weil es zu schwierig und zu kostspielig ist, sie zu ersetzen" [CrFr79,51]. Dabei muss die Verbindung von Macht und Kompetenz von zwei Seiten aus betrachtet werden: Akteure können einerseits versuchen, Ungewissheiten durch den Erwerb von Kompetenzen auszuschalten (vgl.[Frbe95,283]). Mit Hilfe einer vorhandenen Kompetenz kann aber auch Ungewissheit geschaffen werden, „die sie gleichzeitig zu entdecken und zu kontrollieren ermöglicht" [Frbe95,283].

2. **Ungewissheitszonen aus Beziehungen zur Umwelt:** „Keine Organisationen kann existieren ohne Beziehungen mit ihrer Umwelt [...] aufzunehmen" [CrFr79,51f]. Mitarbeiter im Vertrieb, die Kundenkontakte pflegen oder die wie in der späteren Betrachtung Kontakte zu Akteuren einer Zertifizierungsstelle ausdifferenzieren, können aus dieser Machtquelle, die recht ähnlich zur ersten ist, ebenfalls Unvorhersehbarkeit aufbauen.

3. **Informationskontrolle:** Um als Akteur innerhalb einer Organisation handlungsfähig zu sein, benötigt man gewisse Informationen, die von Inhabern anderer Stellen oder Fachabteilungen stammen. Akteure haben dadurch Macht über andere Mitglieder der Organisation, weil sie die benötigten Informationen verfälschen, verzögern oder filtern können. Je „zentraler nun die Position eines Akteurs in einem Informationsnetzwerk ist, um so größer" [Bri02,53] ist dessen Machtpotential (vgl.[Bri02,53]).

4. **Benutzung organisatorischer Regeln:** Diese Machtquelle kann als die Antwort der Organisationsleitung auf die durch die anderen Machtquellen hervortretenden Probleme angesehen werden. Durch den Einsatz von Regeln, Vorschriften und Programmen wird versucht, Unsicherheitszonen systematisch einzudämmen bzw. auszuschalten, um mehr Kontrolle über das Geschehen und damit mehr Macht zu erlangen. Dabei wird aber gleichzeitig die Willkür der Vorgesetzten eingeschränkt. Diese Feststellung klingt zunächst

paradox, da solche Regelungen ja gerade der Ausschaltung von Unsicherheitsfaktoren dienen sollen. „Aber das Paradox liegt darin, dass ihnen dies zum einen nie vollständig gelingt, zum anderen [dass] sie neue Ungewissheitszonen schaffen, die sofort von denen ausgenützt werden können, deren Spielraum sie einschränken und deren Verhaltensweisen sie bestimmen sollten" [CrFr79,53]. Friedberg erläutert diesen Gegensatz an einem Beispiel aus dem Informationsmanagement: „Wenn man bestimmte Bereiche und Stellen auf das Einsammeln bestimmter Informationen spezialisiert und wenn man zudem die Art und Weise regelt, in der diese verarbeitet und weitergegeben werden sollen, schränkt man [gewiss] die Inhaber dieser Stellen in ihrer Bewegungsfreiheit ein. Zur gleichen Zeit erzeugt man jedoch eine neue und möglicherweise größere Abhängigkeit von eben diesen Stelleninhabern, weil sie inzwischen die einzigen sind, die offiziell mit der Sammlung und Weiterleitung dieser Informationen betraut sind" [Frbe95,148] und deswegen ihr entstandenes Expertenwissen für die Empfänger an Informationen immer mehr an Relevanz gewinnt. Auch Neuberger erkennt im Aufstellen von Regeln das Merkmal der Ambiguität: Da die Unternehmensleitung eine Vielzahl geltender Regeln und Normen erlässt, die sich dazu noch teilweise widersprechen, es ist nicht zu vermeiden, dass diese regelmäßig verletzt werden. Dadurch werden die Akteure angreifbar und vom Vorgesetzten „erpressbar". Dieser wird aber häufig über die Nicht-Einhaltung der Regeln hinwegsehen, um sich Loyalität zu sichern und v.a. deshalb, weil es in seinem Eigeninteresse liegt. Wenn er zu weit geht, „könnten die Untergebenen ihm beim Wort nehmen [und in einer Art Arbeitskampf] die Regeln buchstabengetreu ausführen" [CrFr79,54], was in vielen Fällen zu einer Handlungslähmung führen würde (vgl.[Neub95,154]).

7.4 Mikropolitik als Spiel

7.4.1 Die Spielmetapher

Die Spielmetapher symbolisiert eine weitere Kernaussage „des Mikropolitikansatzes, nämlich [dass] Organisationen Handlungsspielräume aufweisen, die durch verbindliche Spielregeln strukturiert werden, die aber ihrerseits grundsätzlich veränderbar sind" [BoWi97,107]. Dieses Spiel ist für [CrFr79,68] „mehr als nur ein Bild, es ist ein konkreter Mechanismus, mit dessen Hilfe die Menschen ihre Machtbeziehungen strukturieren und regulieren und sich doch dabei Freiheit lassen". Durch das Spiel werden Regeln vorgegeben, an die man sich normalerweise auch zu halten hat. Durch die Regeln wird keine konkrete Handlung, sondern lediglich der Rahmen festgelegt, innerhalb dessen sich eine Aktion zu bewegen hat, welche Handlungen als legitim zu betrachten sind und welche nicht (vgl.[CrFr79,68]). Während im ökonomischen Tausch Güter, Waren bzw. Ressourcen getauscht werden, ohne dabei die Regeln einzubeziehen, die ihn strukturieren, geht der politische Tausch insofern darüber hinaus, dass die Spieler zwar immer noch Ressourcen austauschen, allerdings gleichzeitig versuchen, „die Bedingungen oder Regeln, die diesen Austausch regieren, zu ihren Gunsten zu manipulieren" [Frbe95,127]. Man kann die Sichtweise von Crozier/Friedberg als eine theoretische Radikalisierung des Spiel-Paradigmas auffassen. Dieser Begriff soll damit nicht nur mikropolitisches Verhalten als ein Interaktionsphänomen in Organisationen beschreibbar machen, sondern zugleich die Funktionen von Formalstrukturen in Organisationen neu interpretieren (vgl.[Tür89,129]). Für die Autoren impliziert das Spielparadigma weder eine Chancen- noch Machtgleichheit der Spieler, noch einen expliziten Konsens über die Spielregeln (vgl.[CrFr79,69]). Das Spiel mit seinen Regeln steht für eine relative Stabilität (vgl.[CrFr79,172]). Es definiert verschiedene gewinnbringende Strategien, unter denen die Teilnehmer wählen können. Mit „diesen Gewinnstrategien definiert es auch die Mindestanforderungen, die jeder Spieler erfüllen muss, um vom anderen Spieler akzeptiert zu werden, d.h. um im Spiel zu bleiben" [Frbe95,130]. Dieses Spielmodell muss durch einen organisatorischen Rahmen, ein sogenanntes Metaspiel, ergänzt werden. Dieses Metaspiel reguliert und integriert die miteinander verknüpften bzw. sich überlappenden, operativen Spiele innerhalb einer Organisation (vgl.[Frbe95,237]).

7.4.2 Routine- und Innovationsspiele

Die von Crozier/Friedberg eingesetzte Spielmetapher wird von Neuberger kritisiert, da diese zu wenig ausgearbeitet wurde und damit zu wenig operationalisierbar ist (vgl.[Neub95,214]). Als Antwort darauf wird dieser Begriff von [Ortm+90,58ff,465ff] in zwei Klassen unterteilt: Routine- und Innovationsspiele. Routinespiele führen für einen normalen Sachbearbeiter zu Gewinnen, indem er seine täglichen Aufgaben zuverlässig erfüllt. Es ist für ihn dadurch im Laufe der Zeit durchaus möglich, sich eine starke Position innerhalb der Organisation aufzubauen. Es bilden sich daraus feine Spielkulturen mit oft informellen Gewinnmöglichkeiten, Regeln und Beziehungen. „Routinespiele erlauben den Mitspielern, Gewinne aus der soliden Erfüllung ihrer normalen Aufgaben zu ziehen" [Ortm+90,58]. Diese Gewinne sind natürlich auch Machtgewinne: Der Personalleiter, der immer ordnungsgemäße und pünktliche Gehaltsabrechnungen liefert oder der Ingenieur, dessen Konstruktionen stets zu einer fehlerfreien Produktion führen, können bereits dadurch, dass sie ihre Aufgabe gut machen, relativ starke Ungewissheitszonen in der Organisation aufbauen. Unter anderem erlangen sie diese Machtposition deshalb, weil die anderen Akteure wissen, dass diese Personen sich nur zu verweigern bräuchten, damit die Dinge nicht mehr so gut liefen. Dabei bieten die Routinespiele, wenn ihre primäre Logik auch eine der Sicherheit und Erhaltung ist, sehr wohl die Möglichkeit des strategischen Handelns der Akteure. Nur geschieht dies innerhalb der bestehenden – formalen und informellen - Regeln des Spiels bzw. geht mit einer schleichenden Änderung der Spielregeln einher. Davon zu unterscheiden ist die Situation beim zweiten Typ von Spielen, den Innovationsspielen. Der Inhalt von Innovationsspielen besteht in der Veränderung und Reorganisation der Routinespiele. Sie können auftreten, wenn Änderungen in der Ablauforganisation z.B. durch technischen Erneuerungen neue Abhängigkeiten und Machtbeziehungen schaffen. Die operativen Werte und Ziele der Routinespiele sind aus Sicht der Innovationsspiele uninteressant. [Ortm+90,59] kritisieren, dass mikropolitische Nischen innerhalb der Routine in Zeiten einer stetig wachsenden Innovationsdynamik übersehen werden. Nur um Wandel durchzusetzen, wird der Bestand an Regeln und Qualifikationen leichtfertig verspielt. Für die Aufgabe der Kopplung dieser beiden Spielen werden häufig „strategische Gruppen" in Form von Projektteams eingesetzt, die dann nach einer gewissen Zeitdauer anfangen, ihre eigenen Spiele zu spielen (vgl.[Ortm+90,467ff]).

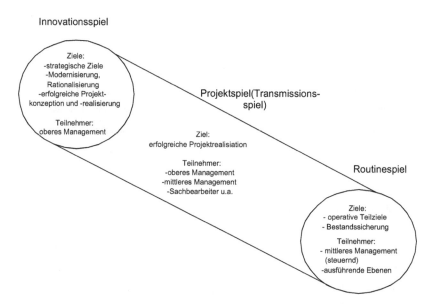

Innovationsspiel

Ziele:
-strategische Ziele
-Modernisierung,
Rationalisierung
-erfolgreiche Projekt-
konzeption und -realisierung

Teilnehmer:
oberes Management

Projektspiel(Transmissions-
spiel)

Ziel:
erfolgreiche Projektrealisiation

Teilnehmer:
-oberes Management
-mittleres Management
-Sachbearbeiter u.a.

Routinespiel

Ziele:
- operative Teilziele
- Bestandssicherung

Teilnehmer:
- mittleres Management
(steuernd)
-ausführende Ebenen

Abbildung 18: Projekte als Vermittler zwischen Routine- und Innovationsspielen
[Ortm+90,468]

Die Position der Teilnehmer an diesen Spielen gliedert sich tendenziell entlang den Hierarchie in einer Organisation: Das obere Management spielt das Innovationsspiel, Teile dieser Gruppe, mittleres Management und Mitglieder der ausführenden Ebenen sind mit der Realisierung der Ziele des Innovationsspieles bedacht und die ausführende Ebene hat die Aufgabe, alte und neue Routinespiele zu spielen. Projekte und die dort ablaufenden Spiele dienen zur Übersetzung und Vermittlung zwischen diesen beiden Spielen (vgl.[Ortm+90,467ff]).

7.5 Strategien und Taktiken in Organisationen

7.5.1 Die strategische Orientierung des Akteurs

Mit dem Begriff der strategischen Orientierung bzw. des strategischen Denkens eines Akteurs führen Crozier/Friedberg eine grundlegende Sichtweise ein, mit dem in einer Situation das zielgerichtete Verhalten des Akteurs beobachtet und analysiert werden kann (vgl.[CrFr79,301]). Es ermöglicht über dem hinaus dem Beobachter die Konstrukte der Spielregeln zu erahnen, auf welche sich die Akteure bei der Konstruktion von Handlungsmöglichkeiten beziehen. Ziel ist es, eine valide Hypothese aufzustellen, wie die Struktur der Regeln einer Organisation beschaffen ist, mit denen die Akteure ihre Handlungen koordinieren. Eine Handlungsstrategie kann dabei als eine Kette von Einzelhandlungen (vgl.[Mohr00,72]) bezeichnet werden, die sich aus der Perspektive eines Beobachters teilweise zu widersprechen scheinen und welche durch die subjektive Rationalität des handelnden Akteurs miteinander vereinbar sind. Crozier/Friedberg begründen diese Sichtweise durch folgende empirische Beobachtungen (vgl.[CrFr79,33f]):

1. Ein Akteur besitzt selten eindeutige Ziele und durchdachte Pläne: „diese sind vielfältig, mehr oder weniger vieldeutig, explizit und widersprüchlich" [CrFr79,33]. Während eines Handlungsprozesses entstehen neue Ziele, werden Ziele geändert oder auch wieder verworfen. „Folglich wäre es illusorisch und falsch zu glauben, dass sein Verhalten ständig genau durchdacht ist, das heißt, vermittelt durch ein klar denkendes Subjekt, welches seine Bewegungen im Hinblick auf anfangs festgelegte Ziel berechnet" [CrFr79,33].

2. Wenngleich es ihm unmöglich ist rational zu handeln, ist er ein aktiver Akteur, der ständig Entscheidungen produziert.

3. Dieses Verhalten ist immer als sinnvoll zu deuten. Es ist sinnvoll in Bezug auf die konkreten Handlungsgegebenheiten, „auf das Verhalten der anderen Akteure, auf deren Parteinahme und auf das Spiel, das zwischen ihnen entstanden ist" [CrFr79,34].

4. Folglich gibt es für die Autoren kein irrationales Verhalten mehr. Friedberg spricht dabei von einem Methodischen Rationalismus (vgl.[Frbe95,49]). Bezüglich konkreter Handlungen, Stimmungen oder affektiver Reaktionen können Regelmäßigkeiten

entdeckt werden, die bezüglich einer Strategie sinnvoll erscheinen. Eine solche Strategie kann dabei durchaus auch unbewusst von einem Akteur getroffen werden.

„Der wichtigste Vorteil des Begriffs Strategie liegt darin, dass er dazu zwingt, den Akteur im Kontext der Organisation zu betrachten, während eine von dessen Zielen ausgehende Betrachtung dazu tendiert, diesen von der Organisation zu isolieren" [CrFr79,34].

7.5.2 Offensive und defensive Strategie

Die Machtstrategien der Akteure haben dabei eine defensive und eine offensive Seite: Sie zielen zum einen auf die Ausweitung des eigenen Freiraums ab und sind zum anderen auf die Verminderung der Spielräume der anderen Akteure ausgerichtet: „Jeder Akteur wird sich einerseits darum bemühen, auf die anderen Mitglieder der Organisation Zwang auszuüben, um seine eigenen Forderungen durchzusetzen" [CrFr79,56]. Dies entspricht einer offensiven Strategie. Andererseits versucht er „ihren Zwang durch den systematischen Schutz seines eigenen Spielraums zu entgehen" [CrFr79,56]. Dies entspricht einer defensiven Strategie. Diese zwei Strategien sind in jeder Handlungssituation in unterschiedlicher Ausprägung zu finden.

7.5.3 Mikropolitische Taktiken

In [Neub90,269ff] erfolgt die Aufstellung einer Reihe mikropolitischer Taktiken, welche ein Akteur zum Erreichen seiner Ziele einsetzen kann. Sie bieten einen Einstiegspunkt, um dessen strategische Orientierung zu erschließen. Eine kleine Auswahl dieser Taktiken soll im Folgenden vorgestellt werden:

1. **Kontrolle von Verfahren, Regeln und Normen:** Regeln werden gemäß den eigenen Bedürfnissen, z.B. durch vorformulierte Vorschläge, erlassen. Es werden widersprüchliche Vorschriften ausgesendet, um sich Handlungsspielraum zu erhalten. Regeln werden ungenau ausgelegt oder es wird sich auf Präzedenzfälle oder auf das Gewohn-heitsrecht berufen

2. **Beziehungspflege:** Hierunter fallen Aktionen wie den Gegnern aus dem Weg zu gehen, unbequeme Leute zu isolieren, Loyalität durch Geschenke zu belohnen um später Erwartungen zu formulieren oder Kontakt zu Machthabern zu pflegen und zu Unterlegenen abzubrechen.

3. **Handlungsdruck erzeugen:** Dies erfolgt durch das Emotionalisieren von Sachverhalten, das Wecken von Begeisterung oder Panik, einer gespielten Empörung oder das Erzeugen und Kommunizieren künstlicher Krisen, um sich selber als Retter zu präsentieren.

4. **Chancen nutzen - Timing:** Pläne oder Formulierungen werden langfristig vorbereitet, um sie im passenden Moment „spontan" durchsetzen zu können. Auch Crozier/Friedberg erkennen den taktisch geschickten Umgang mit Zeit als einen wichtigen Trumpf innerhalb einer Machtbeziehung an. So kann ein Akteur, der in einem längerfristigen Zeithorizont plant und der seine Ressourcen dahingehend einteilt, kurzfristig scheinbar nachgeben und Niederlagen vortäuschen, um am Ende dennoch als Sieger des Spiels hervorzugehen (vgl.[CrFr79,45]).

7.6 Die Beziehungen zur Umwelt

Auch wenn die Beziehungen einer Organisation zur Umwelt im mikropolitischen Ansatz nicht dessen Mittelpunkt bilden, ist es für die spätere Betrachtung notwendig, Crozier/Friedbergs Sichtweise darzustellen. In der später erfolgenden mikropolitischen Interpretation des Qualitätsmanagements wird deutlich werden, dass Spiele hierbei in Kunden-Lieferantenbeziehungen sowie im Kontakt einer Organisation mit einer Zertifizierungsstelle vorkommen. Unter dem Begriff Relais verstehen Crozier/Friedberg die „für die ‚Organisierung' ihrer Beziehungen zu den relevanten Umweltsegmenten notwendige, interne Ausdifferenzierung einer Organisation" [CrFr79,95]. Dabei ist zu beachten, dass diese Kontaktstellen ihre Aufgaben nur dann befriedigend erfüllen, also die anvisierte Umwelt nur dann erreichen können, wenn sie in deren für sie relevanten Segmente Gesprächspartner finden, mit denen sie relativ dauerhafte Beziehungen eingehen. Diese Beziehungen werden durch bestimmte, privilegierte Mittelsmänner geschlossen. Beispiele für verschiedenartige Relais sind im Falle eines Unternehmers die Lieferanten, die Bankiers, die Zulieferer, die Arbeitsvermittlungen, aber auch Gewerkschaften, Vertriebsnetze oder Vertreter (vgl.[CrFr79,95]). Weil jede Organisation mit ihrer Umwelt in Verhandlungen eintreten muss, verfügen Akteure, welche in der Umwelt der Organisation agieren, über besonders wichtige und nicht zu umgehende Ungewissheitsquellen (vgl.[CrFr79,94f]). Als Konsequenz bilden sich um diese Beziehungen zur Umwelt herum Machtverhältnisse. Um diese äußeren Ungewissheitsquellen zu kontrollieren, werden Kontaktstellen ausdifferenziert, die auf die Beziehung zu einem relevanten Objekt der Umwelt spezialisiert werden und die Fähigkeit entwickeln sollen, sich abzeichnende Probleme und Tendenzen zu erkennen. Es entwickelt sich das Problem der internen Differenzierung von Organisationen, weil sich die Akteure, welche sich mit spezifischen Stellen der Umwelt auseinandersetzen, häufig mit Bedürfnissen, Problemen und Mentalitäten der Umweltsegmente identifizieren, wodurch die Gefahr entsteht, dass sie diese gegenüber den internen Funktions- und Leistungsanforderungen ihrer Organisation privilegieren.

Bei der Untersuchung der Austauschbeziehungen zur Umwelt sind die selben Begriffe wie bei der Untersuchung des Innenlebens einer Organisation zu verwenden (vgl.[CrFr79,94]).

8 Mikropolitische Analyse des Total Quality Managements

Aus mikropolitischer Perspektive kann der Begriff Total Quality Management als ein Nullfehler-Spiel bezeichnet werden (vgl.[Neub93,5], der konkrete Name des Spiels ist für die spätere Analyse jedoch nicht entscheidend. Crozier/Friedberg betonen die Notwendigkeit, sowohl den systemischen als auch den handlungstheoretischen Aspekt zu betrachten: „Soziale Akteure [.] existieren nicht im luftleeren Raum. Ihr Handeln findet immer in Systemen statt, aus denen sie Ihre Ressourcen beziehen, die aber zugleich die ihnen verfügbare Freiheit und Rationalität umschreiben. Akteur und System können also nicht voneinander getrennt betrachtet werden. Sie bilden die zwei zwar gegensätzlichen, aber untrennbar miteinander verbundenen und sich gegenseitig bedingenden Pole des sozialen Lebens" [CrFr79,03]. Bei der Untersuchung dieses Nullfehlerspiels soll deshalb im ersten Schritt das System als „Spielarena" beschrieben werden. Im zweiten Schritt werden dann die Spiele dargestellt, welche innerhalb dieser Arena stattfinden.

8.1 Die Spielarena des TQM

Für deren Analyse soll in grober Anlehnung an [Neub93,1] folgende Struktur verwendet werden:

1. Spiel-Kontext

2. Spieler

3. Spiel-Ziele

4. Spiel-Einsatz und Spiel-Gewinne

5. Spiel-Material und Spiel-Regeln

8.1.1 Spiel-Kontext

Die Rahmenbedingungen von Null-Fehler-Spielen bildet z.b. das politische und das Rechtssystem sowie gesellschaftliche Institutionen und kulturelle Traditionen. Dazu gehört auch das Qualitätsbewusstsein der Mitarbeiter, welches im Falle Deutschlands als durchaus gut anzusehen ist („Made in Germany"), mit Ausnahme des Aspektes der Kundenorientierung. Der Betrieb ist das Element, welches den Kern der Arena bildet. Die dort ablaufenden Nullfehlerspiele konzentrieren sich dabei auf die dort vorherrschenden Prozesse und die erstellten Produkte. Neuberger nennt weitere wichtige Bedingungen für Nullfehlerspiele (vgl.[Neub93,6]:

- Betriebliche Abläufe und Beziehungen sind durch ein hohes Maß an Formalisierung gekennzeichnet

- Die Leistungen stehen unter Zeit und Kostendruck

- Die Beschäftigten sind lohnabhängig und können ihren Arbeitsplatz verlieren

8.1.2 Spieler

Unternehmensintern werden die Akteure in folgende Spieler-Gruppen aufgeteilt:

- die Unternehmensleitung

- das mittlere Management

- funktionale Ressorts (Personal, Controlling und Qualitätssicherung)

- Sachbearbeiter

Im Qualitätsspiel gibt es für [Neub93,8f] weitere Teilnehmer wie Kapitalgeber, die öffentlichen Hände, die Medien oder Gewerkschaften. Ihre Anwesenheit definiert sich dadurch, dass die firmeninternen Spieler auf die Vorgaben und Einmischungen derartiger Relais einzugehen haben. Es ist dabei „unhaltbar, [...] die Art und Weise, wie eine Organisation auf ihr Umfeld reagiert" [Frbe95,86] als strategische Entscheidung einer entscheidungsbefugten Gruppe anzusehen. Die Reaktion orientiert sich vielmehr daran, wie die einzelnen Akteure ihre „Handlungsgelegenheiten und -zwänge wahrnehmen und analysieren" [Frbe95,86] und darauf ihr Verhalten ausrichten.

8.1.3 Spiel-Ziele

Im mikropolitischen Kontext gibt es ein Metaziel, welches alle Spieler verfolgen und zwar zusammen weiterspielen zu können (vgl.[Neub93,9]). Das Vorhandensein von mehreren gemeinsamen Zielen wird jedoch von [CrFr79,57] mit zwei Argumenten in Frage gestellt:

1. Jedes Mitglied hat aufgrund der Arbeitsteilung nur eine verzerrte Sichtweise auf die Ziele der gesamten Organisation.

2. Selbst wenn dies ein Mitglied erkennt, wird es seinen Zustand wohl kaum verändern wollen, weil es in seinem eigenen Interesse liegt, das Ziel, welches ihm in seiner Sichtweise besonders wichtig erscheint, als Hauptziel zu betrachten.

Qualitätssicherung wird deshalb in einem Nullfehlerspiel ebenfalls nicht als das gemeinsame Spielziel, sondern nur als ein Mittel für die eigentlichen Ziele der Akteure verstanden. Unterschiede sind in den Zielen der Akteursgruppen zu berücksichtigen. „Das Management ist z.B. an einer angemessenen Kapitalverzinsung, nicht aber am Erhalt eines bestimmten Arbeitsplatzes, einer Produktlinie oder Hierarchieebene interessiert" [Neub93,8]. Eine betriebliche Querschnittsfunktion wie die Qualitätssicherung wird in hohem Maße ihre Position und ihre herkömmlichen Prüfverfahren gegen andere funktionale Gruppen und gegenüber der Unternehmensleitung verteidigen. Unterstellte Sachbearbeiter oder Werker haben hinsichtlich der Rahmenbedingungen gegenwärtig v.a. ein langfristiges Ziel: Deren Arbeitsplatzsicherheit. Da man nie genau weiß, welche Ziele eine konkrete Person besitzt, werden die genannten Spielergruppen typisiert. Es werden diesen Gruppen bestimmte Interessen unterstellt, die von ihren Mitgliedern grundsätzlich geteilt werden (vgl.[Neub93,8]).

8.1.4 Spiel-Einsatz und Spiel-Gewinne

Unter den **Spieleinsatz** fällt die Frage, welche Ressourcen die beteiligten Akteure einbringen müssen. Es sind zunächst allgemeine Kriterien wie Leistungsfähigkeit, Charakter und Einsatzfreude zu nennen. Neben personellen Qualifikationen gibt es auch objektive Größen (Arbeitsplatzausstattung, Entgelt, Arbeitsbedingungen), die ein kritisches Maß nicht unterschreiten dürfen (vgl.[Neub93,15]). Am wichtigsten ist es ein Mindestmaß an gegenseitigem Vertrauen unter den Organisationsmitgliedern zu schaffen bzw. aufrechtzuerhalten (vgl.[Mal01,138]). Malik stellt dar, dass eine Führungskraft ihr entgegengebrachtes Vertrauen am ehesten dadurch verliert, wenn sie mit ihren Untergebenen das „Verliererspiel" spielt. Wenn Führungskräfte zu der Kategorie von Mensch gehören, welche nicht in der Lage sind, ihre Fehler zuzugeben, und darüber hinaus noch die Macht besitzen, ihre Fehler vor den Mitarbeitern zu verschleiern, sie mit rhetorischem Geschick zu vertuschen oder dem untergebenen Mitspieler in die Schuhe zu schieben, wird das langfristig die Folge haben, dass die guten Mitarbeiter, welche die Option haben, die Organisation verlassen werden. Die anderen, welche diese Möglichkeit nicht besitzen, werden von Mitspielern zu Zuschauern und gehen dabei in eine innere Kündigung. Das Vertrauen ist irreparabel zerstört. Andererseits kann Vertrauen durch Mitarbeiter auch ausgenutzt werden: Entpuppt sich ein Mitarbeiter als Intrigant, verletzt er die Spielregeln in einem so hohem Maße, dass der Vorgesetzte, unabhängig seiner sonstigen Leistungen, jegliche Spielbeziehung zu ihm abbrechen sollte (vgl.[Mal01,147]).

Bei **Spielgewinnen** geht es um die allgemeinen Gründe ein Arbeitsverhältnis einzugehen (vgl.[Neub93,15]). Für Sachbearbeiter ist dies v.a. deren monatlicher Lohn. Der einzelne Akteur möchte v.a. besser dastehen als vergleichbare Konkurrenten, möchte gegenüber ihnen Machtgewinne verbuchen. Diese Gewinne können sich dann auch in Prämien oder Leistungszulagen äußern. Das Unternehmen selbst ist eher an Qualitätspreisen interessiert, um ihr gestiegenes Image bei Verhandlungen in Kunden-Lieferanten-Beziehungen einbringen zu können.

8.1.5 Spiel-Material und Spiel-Regeln

Das Material bei Nullfehlerspielen sind zunächst Arbeitsprozesse und – produkte. Darüber hinaus wird auch mit Zeiten, Einkommen, Arbeitsplätzen, Positionen oder dem Qualitätshandbuch gespielt (vgl.[Neub93,15f]). **Spielregeln** sind neben allgemeinen organisatorischen Regeln v.a. alle Anweisungen, die im Qualitätshandbuch und sonstigen, den Akteuren verfügbaren Dokumenten, formuliert sind. Zu nennen sind z.b. zu verwendende Prüfmittel, Prüfpläne oder Kriterien zur Bewertung von Lieferanten.

8.2 Strategien, Taktiken in der Arena des TQM

8.2.1 Spiel-Strategien

„Mit Strategien sind allgemeine und grundsätzliche Herangehensweisen gemeint, die festlegen, ob und wann welche konkreten Spieltaktiken oder – züge zum Einsatz kommen" [Neub93,18]. Bei der Analyse dieser Strategien liegen für Neuberger „immer das Modell des Einzelakteurs und der Feedback-Schleife" [Neub93,18] zugrunde. In komplexen Systemen sind viele, partiell selbständige Akteure simultan tätig und wenn Feedback-Informationen eintreffen auf die Akteure zu reagieren haben, kann es für korrektives oder proaktives Handeln dieser Akteure meist schon zu spät sein (vgl.[Neub93,18]). Angesichts dieser Situationen werden v.a. zwei Strategien eingesetzt. Einerseits eine enge Kopplung der Akteure an die in einer Organisation ablaufenden Prozesse. Das ist das Ergebnis des Begriffes Lean Produktion. Daraus folgende Ziele sind u.a. die Verbesserung der Abläufe, die Verringerung der Lager oder „Just in Time" Produktion. Für die Analyse entscheidend ist, dass diese Strategie zu einer stärkeren Formalisierung führt. Die Gegenstrategie kann als Simultaneous Engineering bezeichnet werden (vgl.[Neub93,18]). Um den Produkt-entwicklungsprozess zu beschleunigen, werden durch Simultaneous Engineering zuvor sequentiell ablaufende Vorgänge parallelisiert. Ein weiteres wichtiges Merkmal neben der dadurch gewonnenen Zeitersparnis, ist das hohe Maß an entstehender Kommunikation zwischen den, an den einzelnen Vorgängen beteiligten Personen (vgl.[Se-Def]). „Die Grundlagen hierfür sind ein leistungsfähiges Projekt-Management sowie interdisziplinäre, d.h. funktionsübergreifende Teams" [Har00,49]. Die Mängel durch eine zu starke Formalisierung sollen dadurch korrigiert werden. Es soll der Tatsache Rechnung getragen werden, dass nicht alles perfekt planbar ist, sondern immer Freiheitsgrade auftreten, welche durch Augenmaß, Zielbewusstsein, Engagement und v.a. auch Kreativität ausgestaltet werden müssen. Diese von Neuberger beschriebene Gleichzeitigkeit von Formalisierung und Kreativitätsförderung kann hervorragend am Beispiel der erläuterten Technik FMEA aufgezeigt werden. Der systemische Aspekt dieser Technik, in Form einer maximalen Transparenz, wird an nur einer Stelle durch einen akteursbezogenen Aspekt ergänzt, in dem dieser innerhalb eines vorgegebenen Rahmens seine Kreativität einsetzen soll, um Maßnahmen zu entwickeln, welche die Fehlerwahrscheinlichkeit verringern. Dieser Rahmen besteht darin, dass alle erzielten Ergebnisse in sogenannten Formblättern dokumentiert werden müssen. Es ist fraglich, woher ein Mitarbeiter aufgrund des hohen bürokratischen Aufwands die Motivation zur Anwendung der FMEA-Methode hernehmen sollte (vgl.[Pfei01,405]). Auch in Abbildung 14 kann dieser Gegensatz nachvollzogen werden: Einerseits durch die Vorgaben eines Qualitätsmanagement (QM)-Systems auf Basis von ISO 9000 und andererseits durch die dargestellte Verpflichtung des Managements, eine den Mitarbeiter aufwertende Qualitätspolitik zu betreiben. Dieser grundsätzliche Gegensatz soll im Folgenden weiter ausgeführt werden:

8.2.1.1 Formalisierungsprozesse durch die ISO 9000 Norm

In den letzten Jahren konzentrieren sich viele Bemühungen in Unternehmen auf eine Zertifizierung nach der Norm DIN/ISO 9000, da diese immer mehr als Voraussetzung für die erfolgreiche Teilnahme am Wettbewerb angesehen wurde. Großunternehmer in der Rolle als Kunden legen die Anforderungen immer höher, indem sie die Zulieferer bevorzugen, welche möglichst viele Qualitätspreise gewonnen haben (vgl.[Mold01,118f]). „Hier scheint es sich zunächst um eine Strategie zu handeln, die weniger „innenpolitisch" als „außenpolitisch" ausgerichtet ist und folglich gar nicht auf interne Veränderungen zielt" [Mold01,119]. [Ved01,62f] bringt Zweifel an, ob die Befolgung der ISO 9000 Norm überhaupt zu Verbesserungen der Produkt- und Prozessqualität in einer Organisation führen kann. Die ISO-Norm kann jedoch starke organisatorische Effekte haben: „Bislang informelle und an bestimmte Personen gebundene Vorgänge, Maßstäbe und Zuständigkeiten werden dokumentiert" [Mold01,119], was zu einer größeren Personalunabhängigkeit führt und bei Streitigkeiten hilfreich sein kann. Man wird dadurch auch eher „angeregt, sich mit Schwachstellen der Organisation (z.B. dem Informations-fluss) zu befassen" [Mold01,119]. „Im ungünstigsten Fall fördert der Normierungsaktivismus, absichtlich oder unabsichtlich, eine Formalisierung von Arbeitsabläufen" [Mold01,120] und durch die Festschreibung sämtlicher Vorgehensweisen, Bedingungen und Zuständigkeiten in ein hohes Maß an Bürokratie (zurück)zuverfallen. Dies gilt besonders für personenintensive Unternehmen. Viele, bisher „per Zuruf" abgestimmte Entscheidungen müssen nun durch Dokumente abgesichert werden, welche von verschiedenen Instanzen gegenzuzeichnen sind. Dise Art von Qualitätssicherung steht teilweise im Widerspruch zur Sicherung durch Eigenverantwortung, Qualifikation und Vertrauen und damit den Interessen und Zielen der Akteure entgegen (vgl.[Mold01,120]).

8.2.1.2 Job-Enrichment und Job-Enlargement: High-Trust Strategien

Verbunden mit TQM ist aber auch die Sichtweise auf den Mitarbeiter, der in hoher Sachkompetenz und Loyalität autonome Entscheidungen zum Wohle des Unternehmens treffen soll. Damit herkömmliche Sachbearbeiter nun zu verantwortungsvollen Qualitäts- managern aufsteigen können, sind Weiterbildungsmaßnahmen von zentralem Stellenwert. Die Qualifikationen, welche durch Weiterbildungsmaßnahmen erworben werden können sind häufig nicht nur unternehmungsspezifisch. Sie stellen eine Ressource dar, welche die Akteure auch in anderen Kontexten nutzen können (vgl.[KüFe00,75ff]). Durch Fortbildung vergrößert der Akteur sein Expertenwissen und damit seine allgemeinen beruflichen Chancen. Dies scheint im erstem Moment einer offensiven Strategie zu entsprechen. Er macht sich für sein Unternehmen unersetzlicher und kann sich daher mehr unvorhersehbares Handeln leisten. Dies ist sowohl den Teilnehmern an Weiterbildungsmaßnahmen, als auch ihren Arbeitgebern bewusst. Möglichkeiten von Arbeitgebern, die Teilnehmer von Fortbildungs-Maßnahmen durch die Vereinbarung von Rückzahlungsklauseln an sich binden zu wollen, erscheinen dabei als ein Instrument, die gewachsenen Handlungsspielräume der Arbeitnehmer wieder einzuschränken. Die Relevanz seines Expertenwissens wird jedoch durch zwei Rahmenbedingungen erheblich eingeschränkt: Erstens liefert die gegenwärtige Situation auf dem Arbeitsmarkt einem Arbeitnehmer in Form einer defensiven Strategie faktisch nur die Chance, seine Stellung im Unternehmen durch Weiterbildung zu verteidigen. Zweitens sind im Falle eines Personalabbaus Kriterien wie die Dauer der Zugehörigkeit zu einem Unternehmen oder der familiäre Status wichtigere Einflussgrößen, als die Kompetenz des jeweiligen Akteurs.

8.2.2 Spiel-Taktiken

Nach dieser grundlegenden Gegenüberstellung sollen nun eingesetzte Taktiken vorgestellt werden, welche nach [Neub93,21] als der empirisch am besten beobachtbare Teil des Nullfehlerspiels bezeichnet werden kann. Sie bilden eine unscharf abgrenzbare Untermenge von Strategien.

8.2.2.1 Das kontinuierliche Verbesserungsmanagement

Methoden wie das betriebliche Vorschlagswesen unternehmen den Versuch, „das informell genutzte Erfahrungswissen der Mitarbeiter in formalisierte Standards zu überführen" [Kühl01,92]. Eine gängige Hoffnung dieser Methoden ist es, Lösungen die dezentral gefunden wurden, von den einzelnen Personen zu lösen, „als Struktur, Regel oder Prozess im Organisationsgedächtnis zu verankern" [Kühl01,92] und dadurch Ungewissheitszonen zu beseitigen. „Ein Belohungssystem kann kleine Verbesserungsschritte geradezu ermutigen" [Neub93,31]: Einerseits durch die Entlohnung an sich, andererseits weil gleichzeitig ein ständiger Verbesserungsdruck herrscht. Es ist für die Betroffenen deshalb meist besser, viele kleine Vorschläge zu machen, als einen Großen. Verbesserungs- leistungen werden dabei sehr schnell zur Norm (vgl.[Neub93,31]). Wie Neuberger am Beispiel von Canon demonstriert, führt eine verordnete, 10%ige jährliche Steigerung an Verbesserungsvorschlägen schließlich zu einem exponentiellen Wachstum. Die damit verbundene Bürokratisierung verursacht jedoch Kosten, die den Nutzen nach einer gewissen Zeitperiode übersteigen. Ein weiterer damit verbundener Punkt ist die Dualität von Qualitätsgewinnen einerseits durch Innovation und andererseits durch kontinuierliches Verbesserungsmanagement. Während in [Pfei01,36] der Eindruck erweckt wird, als wären stetige Qualitätssteigerungen als Zwischenschritt zu Qualitätssprüngen durch Innovationen zu verstehen, soll dieser Sichtweise widersprochen werden. Wenn sich Akteure ständig überlegen müssen, wie sie Steigerungen erzielen und v.a. darstellen können, werden sie ihre Energie und Kreativität eher dazu verwenden, nach Schwachstellen zu suchen, bzw. diese notfalls auch vortäuschen oder konstruieren, als eigenverantwortlich und spontan neue Lösungen zu finden. Es wird in diesem Zusammenhang „die oft ausschlaggebende Bedeutung der Definition von Problemen" [Frbe95,118] deutlich, denn dadurch „definiert man auch die Relevanz von Fachwissen, Know-how und Handlungsmöglichkeiten, über die die an dieser Frage interessierten Akteure verfügen" [Frbe95,118].

8.2.2.2 Kommunikationstaktiken

8.2.2.2.1 Das Erlernen von Techniken des Qualitätsmanagements

In der Literatur zu TQM wird vorgeschlagen, dass jeder mit Qualitätssicherung konfrontierte Akteur die sieben verbreitetsten Qualitätskontrolltools beherrschen sollte: Ursache-Wirkungs-Diagramme, Histogramme, Pareto-Diagramme, Strichlisten, Regelkarten sowie Korrelations- und Verlaufsdiagramme (vgl.[Pfei01,40ff]). Diese Methoden werden in Form von entsprechenden Präsentationsprogrammen wie z.b. Powerpoint, Excel oder auch Visio zur Kommunikation zwischen Kunden-Lieferantenbeziehungen eingesetzt, um in Verhandlungen die Position des Akteurs „an den Kunden" zu bringen. Eine erfolgreiche, eventuell statistisch unterlegte Präsentation ist demnach eine hervorragende Ressource, mit denen Akteure ihren Qualitätsnachweis erbringen und Fehler verbergen können. Die Möglichkeit, derartige Statistiken zu fälschen, ist dabei sprichwörtlich.

8.2.2.2.2 Der Einsatz von Plänen durch TQM-Promotoren

Für Weick werden Pläne gemacht, um Anstrengungen zur Rechtfertigung von Programmen zu unternehmen und eben diese zu dokumentieren. Pläne sind darüber hinaus auch

ein Spielmaterial, welches dazu benutzt wird, um zu testen, wie ernst es die Leute mit den Programmen meinen, welche sie vertreten. Wenn Abteilungen etwas ernsthaft durchsetzen wollen, dann sollten sie auch dazu bereit sein, die notwendige Anstrengung zur Rechtfertigung des Programms zu unternehmen und dies in einem Plan dokumentieren (vgl.[Wei85,22f]). Die Glaubwürdig- und damit Durchsetzbarkeit von Plänen ist eng verbunden mit den Personen, von denen sie vorgetragen werden. Bezüglich der Vorstellung von TQM-Programmen sieht [Fre93,62] die starke Gefahr, dass dafür Personen eingesetzt werden, für die man sonst keine Aufgaben mehr in einer Organisation hat. Dadurch können dem Management folgende Ziele zugeordnet werden: Aus z.B. tariflichen Gründen müssen Personen, für die eigentlich keine Verwendung mehr besteht, weiterbeschäftigt werden. Das Management glaubt selbst nicht an den Erfolg von Qualitätsplänen, möchte sich einerseits nicht gegen vorherrschende Trends stellen, aber andererseits möglichst wenig Kapazität in derartige Programme investieren. Gegenüber den von den Plänen betroffenen Akteuren sollen diese wahren Ziele verborgen werden. Deshalb werden zu deren Ausarbeitung und Kommunikation TQM-Promotoren aus dem dargestellten Personenkreis eingesetzt, die in ihre neue Position hineinbefördert und somit nach außen hin aufgewertet werden.

8.2.2.2.3 Die Kommunikation der Qualitätsstrategie

Ein wichtiger Punkt für das Management ist es, seine Qualitätspolitik gegenüber den Mitarbeitern und der Umwelt positiv zu kommunizieren. Es ist dabei zu berücksichtigen, dass Mutmaßungen der Mitarbeiter über die strategische Orientierung der Führung in die Richtung gehen, die Einführung der Verbesserungsvorschläge als Trick anzusehen, um den Rationalisierungsvorgang und damit den Stellenabbau zu beschleunigen (vgl.[Neub93,21]). Als Reaktion darauf wird das Handeln in Unternehmensorganisationen von Deutungsmustern und Leitbildern, zu denen auch der Begriff Total Quality Management zu zählen ist, mitbestimmt. „Leitbilder sind wegen ihrer orientierenden, antreibenden, sinnstiftenden, motivierenden, normativ-legitimatorischen Funktion in Innovations-prozessen von großer mikropolitischer Bedeutung. Sie setzen sich nicht machtunabhängig durch, und ihre machtgestützte Etablierung beeinträchtigt oder fördert die Durchsetzungschancen bestimmter Akteure, Interessen und Innovationskonzepte" [Ortm+90,62]. Aus Sicht von Crozier/Friedberg nutzt das Management die Machtquelle der Kontrolle über die Kommunikationsmedien bzw. -kanäle. Aus Sicht von Daft und Weick ist das Management für den Prozess der Wirklichkeitskonstruktion im besonderem Maße beteiligt: „the point at which information converges and is interpreted for organizational level action is assumed to be at the top manager level" [DaWe84,285]. Innenpolitisch werden dem Mitarbeiter aufbereitete Erfolgsnachrichten z.B. über gewonnene Qualitätspreise, Innovationen und Investitionen geliefert. Er soll stolz auf sein Unternehmen sein und sich dessen Ziele zu eigen machen. Eine Programmierung mit Leitbildern kann dadurch erfolgen, dass für jeden sichtbare Plakate angebracht werden mit Parolen wie: „Unsere Produkte sind die Begehrtesten der Welt", „Wir wachsen schneller als die Konkurrenz" oder „Jeder Mitarbeiter leistet seinen Beitrag zum Ganzen". Auch hierdurch sollen Ziele der Managements erreicht werden hinsichtlich der Erzeugung einer möglichst starken Loyalität und der persönlichen Übernahme der unternehmensweiten (bzw. unternehmensweit kommunizierten) Systematik erfolgen. Im Kontakt gegenüber

Zertifizierstellen kann diese Qualitätskommunikation den Effekt haben, dass Auditoren, welche ihr vermutetes Spielergebnis bereits vor einer Zertifizierung konstruieren, zu einen höheren Spielgewinn des Unternehmens tendieren.

8.2.2.3 Taktiken bei der Zertifizierung

Die Zertifizierungsstelle stellt aus Sicht der Organisation ein Relais dar. Dieses bildet eine dauerhafte Interaktion zwischen einem Unternehmen und einer Zertifizierungsstelle. Es sind Akteure in einer Organisation vorhanden, deren Machtquelle v.a. darin besteht, Kontakte zu Akteuren der Zertifizierungsstelle ausdifferenziert zu haben. Während einer Auditierung können diese Akteure in den erfolgenden Austauschbeziehungen ihre Trümpfe ausspielen. Bei dieser Beziehung zwischen Relais und Organisation muss beachtet werden, das jeder der beiden Spieler zunächst eine prinzipiell größere Freiheit hat, die eingegangene Beziehung wieder aufzugeben. Crozier/Friedberg sprechen dabei von der Logik des Monopols (vgl.[CrFr79,97]). Jeder versucht „sich dem anderen als einzig möglicher Gesprächspartner aufzuzwingen [.], während er sich selbst Austauschlösungen und -partner vorbehält" [CrFr79,97]. Der Akteur von seiten des Unternehmens hat die Möglichkeit, eine andere Zertifizierungsstelle aufzusuchen. Das Mitglied der Zertifizierungsstelle hat die Möglichkeit, die Ausstellung des Zertifikats zu verweigern. Während die Anwendung dieser Machtquellen für die betroffenen Akteure generell negative Auswirkungen hat, kann deren Androhung hingegen von Nutzen sein. Eine wichtige Einflussgröße des Zertifizierers sind staatliche bzw. rechtliche Auflagen, welche Qualitätsvorgaben erlassen. Eine wichtige Einflussgröße des Akteurs von seiten der Unternehmung ist das Wissen, bei später entdeckten Qualitätsmängeln seitens der internen oder externen Kunden von den Konsequenzen nicht verschont zu bleiben. Während der Auditierung wird der Akteur von seiten des Unternehmens einerseits dazu tendieren, die Machtquelle der Informationskontrolle einzusetzen, um Informationen zu verschleiern und andererseits Bereiche, in denen er sich hinsichtlich der Qualität sicher ist, hervorheben. In Extremfällen kommt es vor, das „Firmen nicht praktizierte, aber im Qualitätshandbuch dokumentierte Verfahren und Arbeitsabläufe für die Zeit des Audits praktizieren und dann wieder außer Kraft setzen" [Anto01,148]. Dem Zertifizierer mögen Schwächen bekannt sein, es liegt jedoch in seinem Ermessen, wie genau er diese Mängel offen legt. Er besitzt die Möglichkeit, seinen Bewertungsmaßstab den gewünschten Ergebnissen anzupassen.

Aus früheren Routinespielen wird er wissen, an welchen Stellen sich häufig kleinere Abweichungen finden lassen oder an welchen Stellen weggesehen werden sollte. Er besitzt hier eine eindeutige Kontrolle über eine Unsicherheitsquelle, auch wenn er das Ziel verfolgen wird, die Zertifizierung an sich nicht zu gefährden. Er wird diese Kontrollmöglichkeit deshalb nicht vollends ausschöpfen. Ein weiteres für den Auditor interessantes Ziel kann es sein, Mängel so darzustellen, dass deren Verbesserung innerhalb einiger Tage erfolgen könnte. Diese notwendige Verlängerung würde ihm v.a. enorme finanzielle Spielgewinne erbringen, denn laut [Beck01,91] kostet ein Zertifizierer einem Unternehmen ca. 1100 Euro pro Tag. Er ist einerseits ein Akteur mit mehreren widersprüchlichen Zielen, welcher aus seiner subjektiven Sicht rational handelt, andererseits untergräbt er durch das Verfolgen seiner Interessen an einigen Stellen natürlich den qualitätssichernden Gedanken einer Zertifizierung (vgl.[Anto01,144ff]). Ist der Prozess abgeschlossen, werden die beteiligten Akteure, wenn sie mit dem Ablauf zufrieden sind, sich der gegenseitigen Beziehungspflege widmen. Sind davor Konflikte aufgetreten, werden diese nun wieder ausgeräumt. Doch auch aus mittelfristiger zeitlicher Perspektive sind die Machtverhältnisse zwischen ihnen nicht ausgewogen: Selbst wenn das Ergebnis für den Geprüften zu diesem Zeitpunkt gut war, besitzt ein Auditor dennoch unverändert hohe Ungewissheitsquellen, die er in einer standardmäßigen Nachkontrolle ausspielen kann. Aus Sicht des von [CrFr79,98] beschriebenen Monopolisierungsgrades, kann die Tendenz zur Kolonisierung des zertifizierten Unternehmens durch die Zertifizierungsstelle vermutet werden.

8.2.2.4 Manipulation als Verhinderungstaktik

Viele Taktiken stehen der Verwirklichung von Nullfehlerprogrammen, so wie es vom Management scheinbar beabsichtigt ist, entgegen. „Scheinbar deshalb, weil sich mitunter an Aktionen des Managements ablesen lässt, dass es selbst nicht ernsthaft und konsequent an die Realisierbarkeit von Nullfehlerprogrammen glaubt" [Neub93,S.44]. Im Folgenden sollen einige Beispiele von Verhinderungstaktiken vorgestellt werden: Man manipuliert seine Qualitätssicherung so lange, bis die in der Stichprobe erlaubten Abweichungen nicht überschritten werden. „Mal legt er ein Stück Papier auf die Waage" [BeDe92,58], damit der erforderliche Wert erreicht wird. Genauso wird bei Abmessungen von Teilen manipuliert und zwar genau in dem Maße, dass das Risiko bei der Wareneingangskontrolle des Lieferanten ertappt zu werden, gering ist. Falls die Kunden dennoch fehlerhafte Teile eines Lieferanten in der Stichprobe finden, kann man sich anschließend auf die kurzfristigen Verschärfungen der Kontrollen einstellen (vgl.[BeDe92,58]. „Wenn der Anteil mangelhafter Teile besonders hoch ist, verzögere ich die Anlieferung so lange absichtlich, bis den sehnsüchtig wartenden Kunden jegliche Zeit für Qualitätskontrollen fehlen" [BeDe92,58]. Diese Spiele um und mit der Zeit, müssen allerdings unter den heutigen Rahmenbedingungen mit dem vorherrschenden Konkurrenzdruck als Taktiken angesehen werden, welche mit großer Wahrscheinlichkeit auch zum Scheitern führen können. Weitere mikropolitische Begründungen für die Irrationalität von normativen Regelungen lassen sich in zahlreichen empirischen Studien nachweisen. „Beispielsweise kam es jenen QM-Funktionsträgern, die sich mit den Konsequenzen eines integrierten Qualitätsmanagements [...] gar nicht anfreunden konnten, sehr gelegen, die bloße Verschriftlichung bisheriger Praxis als Ersatzhandlung vorweisen zu können" [Mold01,121]. Der Widerspruch wurde deshalb nicht öffentlich gemacht, weil er für die betroffenen Akteure ins Konzept passte. „Was systemrational kontraproduktiv erscheint, kann in Partikularinteressen durchaus rational sein. Die praktische Weigerung der Werker, die neuen QM-Regeln anzuwenden, scheint dagegen auf einer Linie mit dem Effizienzinteresse des Unternehmens, hat aber ihre Rationalität eben auch darin, das sie nach Produktivität bezahlt werden [...] und daher kein Interesse daran haben, produktivitätsmindernde Vorschriften einzuhalten" [Mold01,121]. Wenn das Management z.B. das Verstauben von Qualitätshandbüchern zulässt, ja sogar deren Vernachlässigung insgeheim fordert, kann es dessen Ziel sein, sich nach außen von der besten Seite zu präsentieren, nach innen aber von den Mitarbeitern die größtmögliche Effizienz zu fordern. Dadurch werden wieder die gegenseitigen Machtverhältnisse verdeutlicht: Das Management kann jederzeit sein nachsichtiges Verhalten abändern, wird dies jedoch in aller Regel nicht tun, da ansonsten das vom ihm selbstgestellte Ziel der Gewinnmaximierung nicht erreicht werden könnte. Der Unterstellte würde daraufhin Dienst nach Vorschrift leisten, und nicht mehr die Machtquelle seines impliziten Wissens nutzen, woraufhin die Qualität sinken wird (vgl.[Mold01,121]).

8.2.2.5 Taktiken zwischen Vorgesetzten und Unterstellten hinsichtlich der Bewertung der Arbeitsqualität

Ein Unternehmen ersetzt die Zeitorientierung beim Gehalt einer Arbeitskraft oder eines Angestellten durch eine leistungsorientierte Vergütung. Die Erreichung dieser Ziele impliziert für einen Arbeiter eine Prämie und Beteiligung am Unternehmensgewinn oder bei schlechter Lage des Unternehmens zumindest dessen Arbeitsplatzsicherheit. Aus mikropolitischer Perspektive erfolgt dadurch eine Veränderung der Spielarten. Waren früher zu häufige Verspätungen oder zu lange Pausen Ursache von Mahnungen oder Kündigungen, entfällt dies durch das Prinzip der Ergebnisorientierung. Daraus lässt sich zunächst eine Erhöhung der individuellen Freiheit v.a. der Sacharbeiter ableiten. Hier entfällt auch eine große Grundlage von mikropolitischen Verhalten, denn der Chef hatte früher die Möglichkeit, Pausen eines Arbeiters, mit dessen Leistung er ansonsten zufrieden war, zu dulden, konnte aber jederzeit auch Konsequenzen androhen und anwenden. Je nach Sympathie konnte man Ausreden glauben schenken oder nicht und sanktionieren. Das Management hat durch diese Deregulierung das Ziel, die vorhandene Leistungskraft der Sacharbeiter optimal auszunutzen. „Regeln, Normen und Strukturen haben auch eine Schutzfunktion für den Schwächeren. Deregulation heißt oft, Prozesse dem freien Spiel [.] der Kräfte und damit dem Recht des Stärkeren zu überlassen" [Neub88,86]. Dabei zu berücksichtigende Rahmenbedingungen sind die Zielvorgaben des Controllings, die einem Vorgesetzten Vorgaben bezüglich des Budgets machen und es in der Regel für ihn unmöglich werden lassen, jedem Mitarbeiter eine hohe Leistungszulage auszuschütten. Diese Leistungszulage dient als Stellhebel, mit dem mindestens erreicht werden soll, die Leistung und Qualität stärker zu erhöhen als die Kosten. Die Kontrolle eines Unterstellten wandelt sich nun zu einer Kontrolle seiner Ergebnisse. Diese Kontrolle wird dabei vom Management auch in die entgegengesetzte Richtung implementiert. Folgendes Beispiel verdeutlicht die Gegenseitigkeit dieser Machtbeziehungen: „Ob und wie Mitarbeiter im eigenen Team gefördert werden, fließt in die Beurteilung der Vorgesetzten ein und spielt damit auch eine Rolle für die Gehaltsentwicklung dieser Führungskräfte" [Katz03,64]. Malik fordert, dass diese Art von Ergebnisorientierung durch konkrete Absprachen erreicht wird, in denen die individuellen Ziele klar vereinbart, und soweit wie möglich quantifiziert werden sollen (vgl.[Mal01,181]). Die Komplexität einer Aufgabenstellung lässt jedoch häufig schwer Quantifizierungen zu. Fehler die z.B. in Schnittstellensystemen zwischen

Kunden und Lieferanten entstehen, sind häufig nur aufwendig nachzuvollziehen und werden als mikropolitische Aktivität des Betroffenen dann der jeweils anderen Seite oder nichtbeteiligten Dritten zugerechnet. Dies verleiht dem Vorgesetzten wiederum eine gewisse Macht an Beliebigkeit festzulegen, wie gut sein Unterstellter war und eröffnet ein enormes Potential an Spielen. Zeigt er sich nachsichtig, kann er damit das Ziel erreichen, die Loyalität der Mitarbeiter aufrechtzuerhalten oder zu verstärken. Eine weitere Taktik kann das systematische Aussenden von Mehrdeutigkeiten sein, wie z.b. „Fehler dürfen gemacht werden, wenn man aus Ihnen lernt, wer aber zu viele Fehler macht oder uneinsichtig ist, muss mit spürbaren Konsequenzen rechnen". Man kann Belohnungen versprechen, aber diese so vage wie möglich formulieren, um sich Ungewissheitsquellen zu bewahren. Während Benchmarking aus Sicht der strategischen Unternehmens-kommunikation dazu genutzt wird, irgendeine Teilmenge oder Größe herauszusuchen und hervorzuheben, in der das Unternehmen besser als die Konkurrenz ist, kann das selbe Prinzip bei der Leistungsbeurteilung genau gegenteilig eingesetzt werden. Es können die Schwächen eines Mitarbeiters besonders hervorgehoben und damit die Verweigerung einer Leistungszulage begründet werden. In einer Machtbeziehung zwischen einem Vorgesetzten und z.B. zwei Mitarbeitern wird von ihm häufig eine gegenseitige Schuldzuweisung, also das gegenseitige Spielen des Verliererspiels im Fehlerfall zu bewerten sein. Wie bereits angeführt, wird von einem Mitarbeiter, der sich dauerhaft unberechtigterweise als Verlierer eines Konfliktes ansieht, keine Kooperation zu erwarten sein, die über formale Anwesenheit hinausgeht. Taktiken der Sachbearbeiter haben zum Ziel, ihr Aufgabenspektrum zu verkleinern, und dabei es v.a. zu vermeiden, diejenigen Aufgaben zu übernehmen, die besonders gut quantifizierbar und somit kontrollierbar sind. Sprichwörtlich gilt: Wer weniger arbeitet macht auch weniger Fehler. Dieser Taktik sind jedoch aufgrund der ausgeführten objektiven Zwänge enge Grenzen gesetzt.

8.2.2.6 Taktiken zwischen Management, Qualitätssicherung und Marketing

Die stärkere Kunden- und Prozessorientierung des Qualitätsmanagements bildet die Ausgangslage für Innovationsspiele, die vom Management eingeleitet werden. Ziel dieser Innovationsspiele soll es sein, die Bereiche Qualitätssicherung und Marketing miteinander zu verzahnen, um Rationalisierungspotentiale zu erschließen. Beide Bereiche spielen bislang Routinespiele, die ihnen bislang ihr Einkommen und eventuell Anerkennung als

Gewinn erbrachten. Das Management wird nun interdisziplinäre Arbeitsgruppen in Form von Projekten installieren. Dies führt bei den Sachbearbeitern zunächst zu Verweigerungstaktiken, aber diese wissen auch um das Risiko des Machtverlusts, der entstehen kann, wenn sie, weil sie als Blockierer gelten, nicht in diese Projekte mitaufgenommen werden und ihre Routinespiele dadurch von der Belanglosigkeit bedroht werden. Ein wichtiger Zwischenstand beim Entstehungsprozess eines solchen Transformationsspiels ist der Einsatz des Projektleiters. Stammt dieser aus dem Bereich des Qualitätsmanagements, so kann die Management-Seite des Marketings leicht ihr Gesicht verlieren. Diese kann daraufhin seinen, nach wie vor unterstellten Sachbearbeitern ein so hohes Maß an Aufgaben aufzwingen, dass sich diese nicht mehr effektiv an der Projektarbeit beteiligen können. Eine weitere Verhinderungstaktik kann es sein, TQM als eine neue Modeerscheinung zu bezeichnen, mit der sich ein Spitzenmanager profilieren möchte. Nach diesen symbolischen Kick-offs ist es Zeit zum Tagesgeschäft zurückzukehren, in dem die alten Regeln weitergelten (vgl.[Neub93,45]). Das Problem des möglichen Prestigeverlustes kann durch Einsatz eines neutralen Projektleiters z.B. aus der Informatik gelöst werden, v.a. wenn im Projekt vorhandene Anwendungssysteme oder die Datenbasis der beiden Funktionsbereiche integriert werden müssen. Ist nun das Projekt ins Leben gerufen, kann das Marketing zunächst Akzeptanz und Konformität vortäuschen, damit sich die Akteure der Qualitätssicherung in Sicherheit wiegen. Diese könnten sich beim Management ansonsten über dessen mangelnder Kooperationswilligkeit beschweren. Augenscheinlich wird das Marketing zunächst eine defensive Strategie fahren, während die Qualitätssicherung in Form einer offensiven Strategie versuchen wird, Kontrolle über die Ungewissheitszonen des Marketing erhalten. Es kann sich dabei auf die formale Erweiterung der ISO 9000 Norm stützen, argumentiert also mit organisatorischen Regeln. Die wichtigste Machtquelle des Marketing ist sein Expertenwissen, das es versucht nicht vollständig darzulegen oder zu verschleiern. Man wird weiterhin als Gegenstrategie auf bereits vergangene Erfolge und auf seine Erfahrung verweisen. Dazu gehört auch die Kontrolle der Kontaktstellen z.B. zu Kunden oder Marktforschungsinstituten. Die Qualitätssicherung kann versuchen den Gewinn an Informationen, also ihren Machtgewinn, als Nutzen der Kontrahenten darzustellen, z.B. dass dieser Bereich auch von ihrem Fachwissen profitieren kann oder sie kann mit dem Scheinargument „des Gesamtnutzens des Unternehmens" argumentieren. Gewöhnlich besitzt das Marketing eine hohe strategische Positionierung, wodurch sich auch persönliche informelle Beziehungen zu Mitgliedern des Managements entwickelt haben. Diese können ebenfalls dazu genutzt werden, ihren Status gegen die Qualitätssicherung zu verteidigen, eventuell ebenfalls unter Hinzuziehen der Taktik des Anschwärzens der Akteure der Qualitätssicherung, z.B. hinsichtlich deren mangelnden Verständnisses bezüglich der Ausrichtung auf die Kundenbedürfnisse. Vom Projekt ausgeschlossene Sachbearbeiter, sowohl seitens des Marketing als auch der Qualitätssicherung, werden versuchen, ihr Expertenwissen trotz ihrer geschwächten Position zu verteidigen. Sacharbeiter, welche z.b. aufgrund ihres Alters oder ihrer vermeintlich fehlenden Innovationsfähigkeit von der Teilnahme am Projekt ausgeschlossen wurden, können sich mit derselben Argumentation gegen einen später gewünschten Projekteintritt wehren, wenn sich im Projektverlauf ihr Expertenwissen z.b. perfekte Kenntnisse in einem herkömmliche Prüfverfahren wieder als notwendig erweist. Umso mehr werden sie sich verweigern, wenn dies dazu führen kann, ein Projekt scheitern zu lassen. Sie hätten dann das Innovationsspiel verhindert und würden damit ihre Routinespiele gegen nachfolgende Innovationsspiele unangreifbarer machen. Diese erfolgreiche Verweigerung kann durchaus von gesamtorganisatorischen Nutzen sein, denn eine zu starke Innovationsdynamik lässt es immer schwieriger werden, einen Bestand an Qualifikationen, Regeln und Verfahrensweisen aufrechtzuerhalten, die in Routinespielen wiederum dringend benötigt werden (vgl.[Ortm+90,59]). Es ist zu berücksichtigen, dass innerhalb dieser Routinespiele feine informelle Strukturen ausgeprägt wurden, welche durch den Innovationsdruck zerstört werden. „Über Informalitäten können die wichtigsten Anforderungen in Organisationen abgefedert werden und so die Imperfektion des Regelwerks ausgeglichen werden" [Kühl01,95]. Projektmitgliedern hingegen eröffnen sich neue Machtpotentiale, da sie vom Management gefördert werden und dieses bei einem Scheitern ebenfalls als Verlierer dastehen würde. So werden bei gescheiterten Projekten Minimalergebnisse wie der Gewinn neuer Erfahrung als Teilerfolge verkauft und die Probleme auf die fehlende Kooperationswilligkeit des Lieferanten und die fehlende Qualität der Software geschoben. Luhmann bezeichnet diese Argumentationstaktik allgemein als die „Postrationalisierung" von Entscheidungen (vgl.[Luh91,166f]). Das Risiko eines negativen Spielergebnisses nach Ende des Transformationsspiels ist für die Mitglieder deshalb gering. Während eines Projektes eröffnen sich für die Mitglieder Gestaltungsspielräume, welche Routinespiele als Ergebnis des Projektes gespielt werden sollen. Ist z.B. das Ergebnis eines Projektes die Integration der Geschäftsprozesse von Marketing und Qualitätssicherung, so wird niemand besser diese Geschäftsprozesse implementieren können, als das Projekt selbst. Zu ihrer Sicherheit können sie dabei zusätzliche Ungewissheitsquellen aufbauen, indem sie unauffällig Störgrößen in diese Prozesse einbauen, bei denen nur sie das Experten- bzw. Geheimwissen besitzen, damit umzugehen. Werden externe bzw. interne Kunden in den Geschäftsprozess integriert, führt dies zu einem potentiellen Aufbau eines Relais und zum Aufbau der Machtquelle durch die Kontrolle der Kommunikationskanäle. Die Mitglieder erschaffen sich also mit Hilfe des Managements Routinespiele, deren Regeln sie selbst zu ihrem Nutzen erstellen können und es ist zusätzlich anzunehmen, dass sie bei erfolgreicher Projektdurchführung hohe Spielgewinne finanzieller und strategischer Art einfahren werden. Bezüglich der Koalitionenbildung ist aufgrund der entstandenen Vorteile innerhalb des Projektes eine Verschiebung von zunächst funktionsinternen zu projektinternen vorstellbar. Gegen Ende eines Projektes werden diese Koalitionen wieder aufgelöst, weil es für die Akteure nun darum geht, von den im Anschluss daran zu verteilenden Spielgewinnen einen möglichst hohen Anteil einzufahren.

8.3 Aspekte einer empirischen Überprüfung

Während in den vorherigen Kapiteln theoretische Grundlagen und Hypothesen über mikropolitische Abläufe im Kontext des Qualitätsmanagements beschrieben wurden, soll zum Abschluss ausgeführt werden, wie nach Meinung von Crozier/Friedberg diese Abläufe empirisch überprüft werden können. Sie schlagen dazu die Methode der strategischen Analyse vor (vgl.[CrFr79,304ff]): Diese besteht darin, dass „man sich der aus Interviews entnommenen Aussagen und ‚Daten' bedient, um die von den Akteuren gegeneinander und miteinander verfolgten Strategien zu bestimmen" [CrFr79,307]. Nach [Frbe95,312] ist der „Forscher verpflichtet, seine Kenntnisse, Interview- und andere Beobachtungsdaten so vielfältig wie möglich zu gestalten" um seine Externalität vom analysierten Handlungsfeld zu behalten (vgl.[Frbe95,313]). Malik sieht hingegen Beobachtungsanalysen und das Studieren von Biographien als besser geeignet, um die Komplexität eines Menschen zu verstehen (vgl.[Mal01,24f]). Bezüglich des Qualitätsmanagements erscheinen Strategie-papiere, Entscheidungstabellen, Qualitätspläne, das Qualitätshandbuch, Diagramme und die Teilnahme an Zertifizierungen oder Schulungen besonders geeignet, um das systemische Umfeld und die daraus sich für einen Akteur ergebenen Strukturen zu verstehen. Dadurch wird v.a. berücksichtigt, dass sich mikropolitisches Verhalten im Hintergrund abspielt und erst in derartigen Dokumenten an die Oberfläche tritt. In einem weiteren Zwischenschritt können erste erstellte Hypothesen über Strategien getestet werden (vgl.[CrFr79,305]). Dazu werden die Beteiligten mit den unkommentierten Rohergebnissen der Befragung konfrontiert, dabei aber gleichzeitig Hypothesen über deren wahrscheinliche Reaktion aufgestellt. Sind Ergebnisse vorhanden, so müssen diese Strategien noch erklärt werden. Scheinbare Irrationalitäten werden in einer tiefergehenden Analyse der Situation stets als rational beschrieben. Diese Betrachtung muss zunächst organisatorische Zwänge und Spielregeln berücksichtigen. Weiterhin müssen die Spiele rekonstruiert werden, denen diese Strategien entsprechen. „Diese Spiele- und die Lösungen, zu denen sie im allgemeinen führen - verweisen wiederum auf die Strukturierung der Machtbeziehungen, welche die verschiedenen Akteure aneinander binden, und die es herauszuarbeiten gilt, um die Regulierung des zu untersuchenden Handlungssystems in ihrer Gesamtheit zu verstehen und zu erklären" [CrFr79,307]. Im Gegensatz zu dem beschriebenen schlechten Ruf von Mikropolitik, wird in [Vogl90,35f] dargelegt, dass gerade Führungskräfte damit Eigenschaften wie Intelligenz, Sensibilität und Kreativität verbinden. Umso mehr fürchten die selben Personen, dass die wahren Gründe für mikropolitisches Verhalten, nämlich die Durchsetzung ihrer Eigeninteressen aufgedeckt werden und dadurch deren Ziele schwerer durchsetzbar sind. Da gerade dieser Personenkreis die Entscheidung bzw. Erlaubnis über Forschungsaktivitäten fällt, wäre an dieser Stelle dem Forscher, soweit dies legitim ist, die Geheimhaltung seiner Ziele zu empfehlen. Gerade hinsichtlich des Qualitätsmanagements muss dabei beachtet werden, wie sensibel die Umwelt auf Untersuchungen, welche die Scheinwelt von Nullfehlerprogrammen empirisch widerlegen, reagiert.

9 Zusammenführung und Anwendung der Ergebnisse hinsichtlich des Qualitätsmanagements

Aus mikropolitischer Perspektive kann sich ein Akteur, der Prozesse darstellt und analysiert, in erster Linie Macht durch sein dadurch erworbenes Expertenwissen verschaffen. Die Kommunikation eines Modells vom Informationssystem eines Unternehmens verschafft ihm weiterhin Kontrolle über die dritte von Crozier/Friedberg erläuterte Machtquelle, der Informationskontrolle. Um diese Quellen erschließen zu können, muss der Akteur folgende, wohl unterschätzte Hauptfrage beantworten können: Wie gelingt es ihm, ein derartiges Werkzeug zur Geschäftsprozessmodellierung für andere beteiligte Personen in einer Organisation als relevant darzustellen? Die Antwort darauf lautet Aufmerksamkeit zu erzeugen. Dies kann z.b. durch das Erstellen von Plänen, Präsentationen oder Verbesserungsvorschlägen gelingen. Zunächst steht nicht der fachliche Inhalt dieses erstellten Werkzeuges zur Diskussion, sondern die Kommunikationstaktiken, mit der dieser fachliche Inhalt geeignet inszeniert werden kann. Deren Argumente können dann auch mit organisatorischen Regeln gestützt werden und zwar wenn Visio als erweitertes Mitglied der Microsoft Office-Familie ohnehin auf den Computern eines Unternehmens installiert wurde. Mit dem Argument einer effizienten Ressourcennutzung könnte ein Akteur dadurch seine eigenen Ziele als Gesamtnutzen des Unternehmens darstellen. Ist die Darstellung gelungen, erfolgt nun zunächst die Modellierung der für das Qualitätsmanagement relevanten Geschäftsprozesse. Die Geschäftsprozessmodellierung im SOM unter Verwendung des Client-Server Prinzips zwischen Objekten (vgl.[FeSi98,178]) korrespondiert vollständig mit der postulierten Prozessorientierung und dem Aufbau interner und externer Kunden-Lieferanten-Beziehungen im TQM. Da es Aufgabe einer präventiven Qualitätssicherung sein muss, Störgrößen im Prozess aufzudecken und geeignete Reaktionen auf diese Störungen aufzuzeigen, werden hierzu stärker als in SOM-Modellen zu anderen Themenstellungen, in der Struktursicht Anpassungstransaktionen (vgl.[Rüff99,94]) und in der Verhaltenssicht Ablaufvarianten und Umweltereignisse zu modellieren sein. Im Aufgabensystem soll eine weitere Erweiterungsmöglichkeit vorgestellt werden, welche das Ziel hat, das VES zu einem „digitalen Qualitätshandbuch" zu erweitern. Genau wie in diesem, können im VES die einzelnen Tätigkeiten und Prozesse aufgeführt werde, die gemäß der ISO 9000 Norm zu berücksichtigen sind. Was auf der Geschäftprozessebene noch nicht erfolgt, ist die Zuordnung von Ressourcen wie Prüfmittel, z.B. in Form von Maschinen oder Messgrößen und v.a. die Definition von Verantwortlichkeiten für Prozesse und für einzelne Aufgaben. Man könnte dies so realisieren, dass man eine zusätzliche Maske erstellt, in der diese fehlenden Punkte wiederum aufgabenspezifisch eintragen werden können.

Diese Ressourcenzuordnung wäre ein Übergang von der zweiten zur dritten Modellebene des SOM, bei dem die fachliche Anwendungssystemspezifikation nicht berücksichtigt werden würde. Die zu diesem Zeitpunkt erzielten Ergebnisse gehen einher mit dem von Hammer/Champy geprägten Begriff Business Process Reengineering, in dem ein fundamentales Überdenken und radikales Redesign von Unternehmen oder wesentlichen Unternehmensprozessen empfohlen wird. „Die Zielsetzung für das Re-Engineering wird dabei aus dem Total Quality Management abgeleitet" [FeSi95,12]. Das bedeutet, dass „mit dem Re-Engineering eine simultane Verbesserung von Zeit-, Kosten- und Qualitätsmerkmalen eines Geschäftsprozesses erreicht werden soll" [FeSi95,12].

Auf diesen Ergebnissen aufbauend, soll mit den Erkenntnissen der zweiten Themenstellung eine völlig andere Sichtweise eingenommen werden. In dieser muss die Realisierbarkeit der erstellten Prozesse kritisch hinterfragt werden. Störgrößen gehen nun nicht mehr aus den Prozessen selbst hervor, sondern werden immer dann vermutet, wenn Akteure durch die Prozesse an Macht verlieren und v.a. dann, wenn sie sich dadurch ersetzbarer fühlen. Ist dies der Fall, muss die Aufgabenabgrenzung und -zuordnung insofern überdacht werden, dass jeder Akteur genügend Spielraum bekommt, um autonome Entscheidungen zu treffen (vgl.[Neub88,84]). V.a. durch das Gewährleisten einer „Horizontalen Autonomie" und die damit verbundene formale Unabhängigkeit von anderen Prozessen (vgl.[Göb01,231]), kann sich ein Akteur große Ungewissheitsquellen durch den Erwerb von Expertenwissen aufbauen. Der Gewinn an Sicherheit durch dieses Expertenwissen muss vom ihm als höher eingeschätzt werden, als die Unsicherheit und das mangelnde Vertrauen, die durch den ständigen Verbesserungs- und Innovations- und v.a. durch den Rationalisierungsdruck, dessen Opfer er selbst sein könnte, entstanden sind. Durch die Größe dieser Machtquelle kann die Motivation für einen Akteur begründet werden, Ergebnisse maximaler Qualität erzielen zu wollen und sich damit den Zielen der Organisation unterzuordnen. Weitere Konfliktzonen lassen sich an den Schnittstellen von Kunden-Lieferanten-Beziehungen auffinden. Hier sollte die Detaillierung der Regeln so groß sein, dass faire Spielregeln die Übergabe von Leistungen zwischen unterschiedlichen Prozessverantwortlichen begleiten. Das sich an diesen Schnittstellen Informalitäten und Machtbeziehungen ausbilden, durch die formale Prozesse manipuliert werden, ist eine notwendige Bedingung für deren Funktionsfähigkeit und daher aus mikropolitischer Perspektive gewünscht. Häufig sind die gesetzten Zielvereinbarungen so hoch, dass diese nur durch Simultaneous Engineering, also durch die Kooperation von Prozessverantwortlichen zur gleichzeitigen Erfüllung mehrere Aufgaben, erreicht werden können. Die organisatorische Regel einer Dokumentations-pflicht gibt dem Management die Möglichkeit, jederzeit Fehlerquellen nachzuvollziehen, für die Verantwortlichen daraus Konsequenzen abzuleiten und insofern unvorhersehbar zu handeln. Um die Spielmetapher zu verdeutlichen, könnte man aus Sicht eines Veranstalters von Qualitätsspielen zum Ergebnis kommen, einerseits klare organisatorische Regeln aufzustellen, die jederzeit überprüft werden können, sich aber ansonsten darum zu bemühen, den Spielfluss so wenig wie möglich zu unterbrechen. Um dies, sowie eine möglichst hohe Spielqualität zu erreichen, ist es notwendig, die Spieler kontinuierlich zu trainieren. Die praktischen und theoretischen Ergebnisse dieser Arbeit können somit zu einem ganzheitlichen Ansatz zusammengeführt werden, welcher dem Verständnis und den Zielen von Total Quality Management in hohem Maße entspricht.

Abkürzungsverzeichnis

A	Anbahnung
CAD	Computer Aided Design
COM	Component Object Model
D	Durchführung
dll	dynamic link library
FMEA	Fehlermöglichkeits- und Einfluss-Analyse
HTML	Hypertext Markup Language
IAS	Interaktionsschema
K	Kontroll
KOS	Konzeptuelles Objektschema
QM	Qualitätsmanagement
PIA	Primary Interop Assembly
S	Steuer
SOM	Semantisches Objektmodell
TQM	Total Quality Management
URL	Universal Resource Locator
V	Vereinbarung
VBA	Visual Basic for Applications
VES	Vorgangsereignisschema
1-D	eindimensional
2-D	zweidimensional

Abbildungsverzeichnis

Literaturverzeichnis

[Anto01] Antoni, Conny.H.: Anforderungen an den Prozess der Auditierung. In [Wäch01], S. 139-158

[Beck01] Becker, Peter: Prozessorientiertes Qualitätsmanagement: nach der Revision 2000 der Normenfamilie DIN EN ISO 9000 - Zertifizierung und andere Managementsysteme. Expert Verlag, Renningen 2001

[Bell01] Bell, Jason; Johansen Benny.B, und Narkiewicz Jan.D. et al.: Professional Windows Forms. Wrox Press, Acocks Green 2001

[BeDe92] Berke, Jürgen und Deutsch, Christian: Die Mogelpackung. In Wirtschaftswoche Ausgabe 25, 12.6.1992, S. 58-68

[Bod92] Bodenstein, Gerhard: Qualitätspolitik: Auf der Suche nach Perspektiven. Diskussionsbeiträge des Fachbereichs Wirtschaftswissenschaften der Universität - Gesamthochschule - Duisburg, 1992

[Bri02] Brinkmann, Ulrich: Umbruch von unten? Betrieblich Akteure in der ostdeutschen Transformation. Reiner Hampp Verlag, München/Märing 2002

[Bur61] Burns, Tom und Stalker, George: The Management of Innovation. London, 1961, zitiert aus [Ort+90], S. 55

[Coad02] Coad, Peter: „Ich verwende Together für meine eigene Arbeit". In Java-Magazin, Ausgabe 10, 2002, S. 19-23

[BoWi97] Bone-Winkel, Marela: Politische Prozesse in der strategischen Unternehmensplanung. Gabler Verlag, Wiesbaden 1997

[CrFr79] Crozier, Michel und Friedberg, Erhard: Macht und Organisation - Die Zwänge kollektiven Handelns. Athenäum Verlag, Königstein 1979

[DaWe84] Daft, Richard und Weick, Karl: Toward a model of organisations as interpretation systems. In Academy of Management Review, 1984, S. 284-295

[Drö97] Drösser, Axel: Wettbewerbsvorteile durch Qualitätskommunikation: Bewertungsmodell für traditionelle Marktsignale und zertifizierte Managementsysteme. Gabler Verlag, Wiesbaden 1997

[FeHa95] Ferstl, Otto.K. und Hagemann, Udo: Simulation hierarchischer objekt- und transaktionsorientierter Modelle. Tagungsbeitrag für die Wirtschaftsinformatik '95 in Frankfurt am Main

[Fel+97] Felix, Reto; Pischon, Alexander und Riemenschneider, Frank et al.: Integrierte Managementsysteme: Ansätze zur Integration von Qualitäts-, Umwelt- und Arbeitssicherheitsmanagementsystemen. IWÖ-Diskussionsbeitrag Nr. 41, Institut für Wirtschaft und Ökologie an der Universität St. Gallen, 1997

[FeSi91] Ferstl, Otto.K. und Sinz, Elmar.J.: Ein Vorgehensmodell zur Objektmodellierung betrieblicher Informationssysteme im Semantischen Objektmodell (SOM). Bamberger Beiträge zur Wirtschaftsinformatik Nr. 5, 1991

[FeSi92] Ferstl, Otto.K. und Sinz, Elmar.J.: Glossar zum Begriffsystem des Semantischen Objektmodells (SOM). Bamberger Beiträge zur Wirtschaftsinformatik Nr. 11, 1992

[FeSi93] Ferstl, Otto.K. und Sinz, Elmar.J.: Der Modellierungsansatz des Semantischen Objektmodells. Bamberger Beiträge zur Wirtschaftsinformatik Nr. 18, 1993

[FeSi94] Ferstl, Otto.K. und Sinz, Elmar.J.: Der Ansatz des Semantischen Objektmodells zur Modellierung von Geschäftsprozessen. Bamberger Beiträge zur Wirtschaftsinformatik Nr. 21, Dezember 1994

[FeSi94a] Ferstl, Otto.K. und Sinz, Elmar.J.: Programmiermodell für objektorientierte, erweiterbare Anwendungssysteme. Bamberg 1994

[FeSi95] Ferstl, Otto.K. und Sinz, Elmar.J.: Re-Engineering von Geschäftsprozessen auf der Grundlage des SOM-Ansatzes. Bamberger Beiträge zur Wirtschaftsinformatik Nr. 26, März 1995

[FeSi98] Ferstl, Otto.K. und Sinz, Elmar.J.: Grundlagen der Wirtschaftsinformatik. 3. Auflage, Oldenbourg Verlag München/Wien 1998

[Fre93] Frehr, Hans.U.: Total Quality Management - Unternehmensweite Qualitätsverbesserung - Ein Praxis-Leitfaden für Führungskräfte. Carl Hanser Verlag, München/Wien 1993

[Frbe88] Friedberg, Erhard: Zur Politologie von Organisationen. In [KüOr88], S. 39-52

[Frbe95] Friedberg, Erhard: Ordnung und Macht. Dynamiken organisierten Handelns. Campus, Frankfurt am Main/New York 1995

[Göb01] Göbel, Elisabeth: Prozessorientierung. In [Wäch01], S. 225-244

[Grab00] Grabowski, Ralph: Visio 2000 für Fortgeschrittene. Software & Support Verlag, Frankfurt 2000

[Ham99] Hammel, Christoph: Generische Spezifikation betrieblicher Anwendungssysteme. Shaker Verlag, Aachen 1999

[Har00] Harings, Harald: Qualitätsmanagement mit SAP R/3 und ARIS - TQM, Zertifizierung und Dokumentation. Grundlagen, Verfahren und Beispielprojekt Wareneingangsabwicklung. Vieweg & Sohn Verlagsgesellschaft, Braunschweig, Wiesbaden 2000

[Kah01] Kahmann, Joachim: Akteursorientierte Organisationsanalyse. Analyse und Gestaltung virtueller Unternehmen. 1.Auflage, Gabler, Wiesbaden 2001

[Katz03] Katzensteiner, Thomas: Strategen gesucht. In Wirtschaftswoche Nr.31, 24.7.2003, S. 62-64

[KeTe97] Keller, Gerhard und Teufel, Thomas: SAP R/3 prozeßorientiert anwenden: iteratives Prototyping zur Bildung von Wertschöpfungsketten. Addison-Wesley, Bonn 1997

[Krbi97] Krumbiegel, Jörg: Integrale Gestaltung von Geschäftsprozessen und Anwendungssystemen in Dienstleistungsbetrieben. Gabler, Wiesbaden 1997

[KüFe00] Küpper, Willi und Felsch, Anke: Organisation, Macht und Ökonomie. Mikropolitik und die Konstitution organisationaler Handlungssysteme. Westdeutscher Verlag, Opladen 2000

[Kühl01] Kühl, Stefan: Paradoxe Effekte und ungewollte Nebenfolgen des Qualitätsmanagements. In [Wäch01], S. 75-114

[KüOr88] Küpper, Willi und Ortmann, Günther (Hrsg.): Mikropolitik. Westdeutscher Verlag, Opladen 1988

[Lel02] Lelic, Senaj: Visio 2002 – Programmierung im ShapeSheet - Das Entwicklerhandbuch. Hanser Verlag, München/Wien 2002

[Lom98] Lomax, Paul: VB &VBA in a Nutshell - The Language. O'Reilly, Sewastopol 1998

[Luh91] Luhmann, Niklas: Soziologie des Risikos. Walter de Gruyter & Co, Berlin 1991

[Mal01] Malik, Fredmund: Führen Leisten Leben - Wirksames Management für eine neue Zeit. Wilhelm Heyne Verlag München, Taschenbucherstausgabe 2001

[Mar00] Martin, Rene: Workshop VBA. Addison-Wesley Verlag, München 2000

[MSFT-Press01] Microsoft Press: Developing Visio Solutions for Microsoft Visio 2000. Microsoft Corporation 2001

[Mohr00] Mohr, Marcus: Mikropolitik und Moral. Campus Verlag, Frankfurt 1999

[Mold01] Moldaschl, Manfred: Qualität als Spielfeld und Arena: Das mikropolitische Verständnis von Qualitätsmanagement - und seine Grenzen. In [Wäch01] S. 115-138

[Neub88] Neuberger, Oswald: Spiele in Organisationen, Organisationen als Spiel. In [KüOr88], S. 53-86

[Neub90] Neuberger, Oswald: Führen - Führen und geführt werden. 3. Auflage, Ferdinand Enke Verlag, Stuttgart 1990

[Neub93] Neuberger, Oswald: Das Nullfehler-Ziel - ein Nullfehler-Spiel, Total Quality Management als mikropolitische Arena. Augsburger Beiträge zur Organisations-psychologie, Heft 16, 1993

[Neub95] Neuberger, Oswald: Mikropolitik – Der alltägliche Aufbau und Einsatz von Macht in Organisationen, Ferdinand Enke Verlag, Stuttgart 1995

[Ortm+90] Ortmann, Günther; Windeler, Arnold und Becker, Albrecht et al.: Computer und Macht in Organisationen - Mikropolitische Analysen. Westdeutscher Verlag, Opladen 1990

[Pfei01] Pfeifer, Tilo: Qualitätsmanagement - Strategien, Methoden, Techniken. 3. Auflage Carl Hanser Verlag, München/Wien 2001

[Prät84] Prätorius, Rainer: Soziologie der politischen Organisationen. eine Einführung. Wissenschaftliche Buchgesellschaft, Darmstadt 1984

[Rau96] Raue, Heiko: Wiederverwertbare betriebliche Anwendungssysteme: Grundlagen und Methoden ihrer Objektorientierten Entwicklung. Gabler, Wiesbaden 1996

[Rüff99] Rüffer, Thorsten: Referenzgeschäftsprozeßmodellierung eines Lebensver-sicherungsunternehmens. In Sinz, Elmar.J. (Hrsg.): Modellierung betrieblicher Informationssysteme. Proceedings der MobIS-Fachtagung 1999, Rundbrief der GI-Fachgruppe, 6. Jg., Heft 1, Oktober 1999, S. 86-107

[Schm99] Schmidt, Rainer: Aspektorientierte Komponentensysteme zur Unterstützung weitreichender Geschäftsprozesse. Dissertation der Fakultät für Informatik Universität Karlsruhe (Technische Hochschule), 1999

[Sco86] Scott, Richard.W.: Grundlagen der Organisationstheorie. Campus, Frankfurt a.m./New York, 1986

[Sinz95] Sinz, Elmar.J.: Ansätze zur fachlichen Modellierung betrieblicher Informationssysteme - Entwicklung, aktueller Stand und Trends. In Bamberger Beiträge zur Wirtschaftsinformatik Nr. 34, 1995

[Sinz97] Sinz, Elmar.J.: Architektur betrieblicher Informationssysteme. Bamberger Beiträge zur Wirtschaftsinformatik Nr. 40, Januar 1997

[Sinz97a] Sinz, Elmar.J.: Analyse und Gestaltung universitärer Geschäftsprozesse und Anwendungssysteme. Bamberger Beiträge zur Wirtschaftsinformatik Nr. 41, Juli 1997

[Sta97] Stahl, Patrick: Die Qualitätstechnik FMEA als Lerninstrument in Organisationen. Gabler, Wiesbaden 1997

[Tür89] Türk, Andreas: Neue Entwicklungen in der Organisationsforschung - Ein Trend Report. Ferdinand Enke Verlag, Stuttgart 1989

[Ved01] Vedder, Günther: Informationsökonomische Analyse der Wirkung von QM-Zertifikaten. In [Wäch01], S. 51-73

[Vis-Hb00] Benutzerhandbuch für Microsoft Visio 2000, Enterprise Edition. Visio Corporation 2000

[Vogl90] Vogel, Christa.C.: Soziale Einflussprozesse in Organisationen: Mikropolitik. Dissertation zur Erlangung des Grades eines Doktors der Wirtschafts- und Sozialwissenschaften, Wirtschafts- und Sozialwissenschaftliche Fakultät Augsburg, Vöhringen 1990

[Wäch01] Wächter, Hartmut und Vedder, Günther (Hrsg.): Qualitätsmanagement in Organisationen - DIN ISO 9000 und TQM auf dem Prüfstand. Gabler, Wiesbaden 2001

[Wei85] Weick, Karl: Der Prozess des Organisierens. 1.Auflage, Suhrkamp, Frankfurt am Main 1985

Verzeichnis der URL

URL von Microsoft

[MSFT-ActiveX] Description of ActiveX Technologies.
http://www.microsoft.com/com/tech/ActiveX.asp, Abruf am 2003-10-31

[MSFT-ActiveX03] Programming with the Microsoft Office Visio 2003 ActiveX Control.
http://msdn.microsoft.com/library/default.asp?url=/library/en-us/odc_vis2003_ta/html/odc_vsprogrammingwithvisioactivexcontrol.asp, Abruf am 2003-10-31

[MSFT-Add] About Microsoft Visio Add-ons and COM Add-ins.
http://msdn.microsoft.com/library/default.asp?url=/library/en-us/dnvisio02/html/visaddin.asp, Abruf am 2003-10-31

[MSFT-Document-Event] Properties, Methods, and Events for the Document Object.
http://msdn.microsoft.com/library/default.asp?url=/library/en-us/devref/HTML/DVS_Appendix_A_939.asp, Abruf am 2003-10-31

[MSFT-Event] Handling Visio Events.
http://msdn.microsoft.com/library/default.asp?url=/library/en-us/devref/HTML/DVS_21_Event_Handling_843.asp, Abruf am 2003-10-31

[MSFT-Event-Codes] Event Codes.
http://msdn.microsoft.com/library/default.asp?url=/library/en-us/devref/HTML2/DAR_Event_codes_1708.asp, Abruf am 2003-10-31

[MSFT-ObjectModel] Automation and the Visio Object Model.
http://msdn.microsoft.com/library/default.asp?url=/library/en-us/devref/HTML/DVS_14_Automation_and_the_Visio_object_model_119.asp, Abruf am 2003-10-31

[MSFT-ObjectModel_a] Microsoft Visio Object Model.
http://msdn.microsoft.com/library/default.asp?url=/library/en-us/modcore/html/degrfMicrosoftVisioObjectModel.asp, Abruf am 2003-10-31

[MSFT-PIA] Working with the Office XP Primary Interop Assemblies.
http://msdn.microsoft.com/library/default.asp?url=/library/en-us/dnoxpta/html/odc_oxppias.asp, Abruf am 2003-10-31

[MSFT-PrintSheet] Printing the ShapeSheet in Microsoft Visio.
http://msdn.microsoft.com/library/default.asp?url=/library/en-us/dnvisio02/html/VPrintSS.asp, Abruf am 2003-10-31

[MSFT-SaveAsWeb] About the Save as Web Page API.
http://msdn.microsoft.com/library/default.asp?url=/library/en-us/devref/HTML/SAW_Basics_40.asp, Abruf am 2003-10-31

[MSFT-ScreenUpdating] Example for ScreenUpdating.
http://msdn.microsoft.com/library/default.asp?url=/library/en-us/devref/HTML2/DAR_Examples_(S-Z)_671.asp, Abruf am 2003-10-31

[MSFT-ShapeSheet] About the ShapeSheet spreadsheet.
http://msdn.microsoft.com/library/default.asp?url=/library/en-us/devref/HTML2/DSS_CTSShapeSheetBasics_1822.asp, Abruf am 2003-10-31

[MSFT-Vis03] Die zehn besten Gründe für Visio 2003.
http://www.microsoft.com/germany/ms/visio2003/warum/top10/index.htm, Abruf am
2003-10-31

Sonstige URL

[Gnoth02] Gnoth, Marcel: Visual Basic FAQ.
http://www.gnoth.net/Job/WebTech/VBPage2.html, Abruf am 2003-10-31

[Hei96] Heidenreich, Martin: Rezession zum Buch ‚Ordnung und Macht' von Erhard
Friedberg. http://www.fortunecity.com/victorian/hornton/117/friedberg.htm,
erschienen in der Soziologischen Revue 1996, Jg. 19, Heft 3, S. 334-337, Abruf am
2003-10-31

[McN02] McNaughton, Allan: We Compare Microsoft Visio with Rational XDE for
Modeling Your .NET Applications. http://www.devx.com/SummitDays/Article/9749,
Abruf am 2003-10-31

[MID] Pressemitteilungen zu MID und INNOVATOR - INNOVATOR Business EasyStart
- Der sichere Weg ins Prozessmanagement.
http://www.mid.de/de/news/pressemitteilungen/20030613, Abruf am 2003-10-31

[Muel01] Müller, Rainer: Visio und Datenbank-Reengineering.
http://www.sql-news.de/texte/674.asp, Abruf am 2003-10-31

[Pear00] Pearson, Charles: Optimizing VBA.
http://www.cpearson.com/excel/optimize.htm, Abruf am 2003-10-31

[Schw03a] Schwichtenberg, Holger: Glossar zum Microsoft .NET Framework – Stichwort
Marhalling. http://www.it-visions.de/lserver/glossar_show.asp?Begriff=Marshalling,
Abruf am 2003-10-31

[Schw03b] Schwichtenberg, Holger: Glossar zum Microsoft .NET Framework – Stichwort
ActiveX. http://www.it-visions.de/glossar/scripting/ActiveX.aspx, Abruf am 2003-10-31

[Se-Def] Projektmanagement-Glossar: Begriff Simultaneous Engineering.
http://www.projektmanagement-glossar.de/glossar/gl-0111.html, Abruf am 2003-10-31

[Visi-Notes] VisiNotes - Add text notes to any Visio shape.
http://www.visimation.com/visinotes.asp, Abruf am 2003-10-31